PERSPECTIVES COMPARATISTES
sous la direction de Véronique Gély et Bernard Franco
107

Série *Classique/Moderne*
dirigée par Véronique Gély
13

Politique des contes

Ouvrage publié avec le soutien du Centre de recherche
en littérature comparée (CRLC), de l'École doctorale
de littératures françaises et comparée et du Fonds d'intervention
pour la recherche de la faculté des lettres Sorbonne Université

Alice Brière-Haquet

Politique des contes

Il était une fois Perrault aujourd'hui…

PARIS
CLASSIQUES GARNIER
2021

Alice Brière-Haquet est écrivaine pour la jeunesse. Elle a soutenu en 2016 une thèse de littérature comparée à Sorbonne Université portant sur les réécritures de Charles Perrault en cadre urbain et est actuellement chargée de cours à l'université Caen – Normandie.

ISBN 978-2-406-11784-1 (livre broché)
ISBN 978-2-406-11785-8 (livre relié)
ISSN 2103-480X

INTRODUCTION

Nous avons tous été élevés dans le conte du conte : un genre oral, universel et intemporel, que les hommes, ou plutôt les femmes, se passent de génération en génération. Un récit primitif dont on retrouve des traces dans toutes les civilisations, preuve s'il en est que tous les humains sont frères, bercés par les mêmes histoires de princesses ou de chats bottés… Les mêmes histoires ? Pas vraiment. De temps en temps, éclate quelque scandale : la Belle au Bois dormant se serait en réalité fait violer, et Mulan se serait suicidée pour échapper aux avances de l'empereur. Ces anecdotes sont vraies, mais le conte du conte sitôt les absorbe : on accuse les reprises modernes d'avoir édulcoré les histoires passées et de ne pas suffisamment se fier à la psyché profonde de l'enfant… Sans vraiment considérer un film d'animation grand public où l'héroïne se transpercerait effectivement l'estomac avec son sabre en guise de scène finale !

Ainsi, les études se concentrent sur l'éternelle quête des origines. On recherche LE conte qui correspondrait à l'image DU conte, dans un joli jeu de tautologie, alors que ce qui est intéressant ce sont justement LES contes, dans leur multiplicité et leur diversité. Le conte n'existe pas, il n'y a que des contes. Les étudier, c'est d'abord affronter ce conte du conte et la tâche est ingrate : l'image d'une humanité rassemblée au coin d'un feu de bois et de quelques belles histoires est si forte, qu'on vous reproche forcément d'y toucher. C'est là un crime de lèse-humanité. Pourtant cette construction historique est pour cela même passionnante : en tant qu'objet culturel, ce conte du conte ne nous parle pas seulement de récit, de motifs ou de version, mais d'idéologie, de vivre ensemble, bref de politique.

Mais accordons-nous sur les mots. Si l'étiquette « conte de fées » est aujourd'hui largement acceptée, il suffit de la gratter deux secondes pour apercevoir sa vertigineuse complexité : il n'y a pas de fée dans *Le Petit Chaperon rouge* ni dans *Barbe-Bleue*, et nombre des contes de Grimm relèvent tout bonnement de la légende religieuse. C'est d'emblée au prix d'un écrasement des différences que l'on accède à une pseudo-universalité. Ruth Bottigheimer propose de différencier quatre catégories, correspondant à des enjeux et des périodes très divers. Il y a :

- Les « *folktales* », qui sont des contes « du peuple » où les protagonistes sont des gens ordinaires qui vont faire l'expérience d'une amélioration temporaire de leur statut, avant de retourner à leur état d'origine à la fin du conte.
- Les « *fairyland fictions* », c'est-à-dire des fictions féeriques qui mettent en scène des mondes parallèles, l'un humain et l'autre féerique, à la porosité dangereuse pour les humains.
- Les « *restoration fairy tales* », des contes de restauration, décrivent la perte de statut d'un personnage royal, puis la traversée d'épreuves aidé d'adjuvants magiques, avant le retour sur le trône grâce à un mariage royal.
- Les « *rise fairy tales* », les contes d'ascension, présentent un héros ou une héroïne pauvre qui après des épreuves accède au statut royal et à la richesse, grâce à un mariage magiquement orchestré avec un personnage royal[1].

Le conte de fées moderne appartient, selon elle, à cette dernière catégorie. Mais il n'apparaît pas *ex nihilo* et se nourrit de ses ancêtres, oraux ou écrits : il tire sa structure du conte de restauration, ses personnages des fictions féerique, et sa posture énonciative des contes du peuple. Il apporte néanmoins une dynamique politique impensable avant les Temps Modernes : celle d'une véritable ascension sociale, individuelle, indépendante du statut ou de la lignée. Le succès de ces contes est ainsi intimement lié à la modernité et épouse ses courants de pensée.

Il naît à Venise en 1550[2] quand Straparola publie ses *Nuits Facétieuses*[3]. Ce recueil révolutionnaire ne s'annonce pas comme tel, mais s'inscrit au contraire dans le filon du *best-seller* de l'époque : le *Décameron*. Comme

1 *Cf.* Ruth B. Bottigheimer, « Les contes médiévaux et les contes de fées modernes », *Féeries* [En ligne], 7 | 2010, mis en ligne le 31 juillet 2011 : http://feeries.revues.org/753 (consulté le 30/08/2013).

2 Ruth B. Bottigheimer, *Fairy Tales. A New History*, New York, State University of New York Press, 2009.

3 Giovan Francesco Straparola, *Le Piacevoli notti*, Venise, Orpheo dalla carta, 1550.

Boccace, Straparola instaure un récit-cadre mondain : un groupe de jeunes gens cultivés passe le temps en échangeant histoires, madrigaux et devinettes. L'originalité de Straparola réside moins dans la forme que dans le fond où l'on voit apparaître pour la première fois la structure du conte de fées moderne : c'est l'histoire de *Costantino Fortunato* qui grâce à son chat devint roi. À sa suite, Basile s'appuie sur le même principe mais opère un pas de plus dans la fiction. D'une part, le récit-cadre est lui-même un conte, mais surtout le sous-titre *Le conte des contes, ou Le Divertissement des petits enfants*[4], et le choix de la langue, le dialecte napolitain, changent la donne : par cette double étiquette enfantine et populaire, Basile fonde le genre du conte.

Perrault puise à la même source boccacienne lorsqu'il fait lire en 1691 devant l'Académie française sa *Marquise de Salusses ou la Patience de Griselidis*[5], un texte qui reprend exactement l'ultime nouvelle du *Decameron.* Perrault, pourtant, ne se place pas dans la lignée de son illustre prédécesseur, mais préfère revendiquer comme source la Bibliothèque Bleue, une collection de livrets bon marché qui circulent dans le peuple grâce au réseau des colporteurs[6]. Mais il serait naïf, et largement anachronique, d'y lire une préoccupation de Perrault pour la littérature populaire. Au contraire, privilégier une référence peu prestigieuse permet à Perrault de souligner sa propre virtuosité : il entend élever cette matière brute par ses vers. Il récidive avec *Les Souhaits ridicules* qu'il publie en 1693 dans le *Mercure Galant*[7]. On est cette fois clairement dans la provocation, et Perrault lui-même en souligne complaisamment l'audace : il reprend une histoire de boudin, certes, mais n'est-ce pas la « maniere » et non la « matiere » qui fait la beauté d'un récit[8] ? Le geste est de la même envergure que celui qu'opèrera Marcel Duchamp quelques siècles plus tard avec sa désormais célèbre *Fontaine.*

---

4 Giambattista Basile, *Lo cunto de li cunti, overo lo trattenemiento de peccerille*, trad. et éd. Michele Rak, Milan, Garzanti, 2006 [1634-1636].

5 Charles Perrault, *Griselidis. Nouvelle avec le conte de Peau d'Asne, et celuy des Souhaits ridicules*, Paris, édition Coignard, 1694.

6 La nouvelle est accompagnée d'un envoi à M*** qui s'ouvre en ces termes : « Si je m'estois rendu à tous les différents avis qui m'ont esté donnez sur l'Ouvrage que je vous envoye, il n'y seroit rien demeuré que le conte tout sec & tout uni, & en ce cas j'aurois mieux fait de n'y pas toucher & de le laisser dans son papier bleu où il est depuis tant d'années ».

7 Charles Perrault, « Les Souhaits ridicules », *Le Mercure galant*, novembre 1693, p. 39-50.

8 Dédicace à Mademoiselle de La C.... : « c'est la maniere / Dont quelque chose est inventé / Qui beaucoup plus que la matiere / De tout Recit fait la beauté. »

La publication de *Peau d'Âne* élève la provocation au rang de genre. « Conte de peau d'âne » est alors une expression nettement dépréciative. Voici comment la définit la même année le premier dictionnaire de l'Académie française, dictionnaire auquel participe Perrault :

> « Le vulgaire appelle, Conte au vieux loup. conte de vieille. conte de ma mere l'oye. conte de la cicogne, à la cicogne. conte de peau d'asne. conte à dormir debout. conte jaune, bleu, violet. conte borgne, Des fables ridicules telles que sont celles dont les vieilles gens entretiennent & amusent les enfants[9] »

Pourtant, pour la réédition en 1695, Perrault ajoute une préface qui défend et justifie le nouveau genre. Cette précieuse préface permet également de resituer le contexte de publication et d'en saisir les enjeux : dans la tourmente de la Querelle des Anciens et des Modernes qui déchire alors la vie intellectuelle, le conte naissant entend concurrencer les fables de la culture antique chères aux partisans des Anciens, et notamment celles du modèle et rival, La Fontaine, dont les contes, notamment sa réécriture des *Amours de Psyché et Cupidon*, connaissent un beau succès. Perrault écrit :

> La Fable de Psiché écrite par Lucien & par Apulée, est une fiction toute pure & un conte de Vieille comme celui de Peau d'Asne. Aussi voyons-nous qu'Apulée le fait raconter par une vieille femme, à une jeune fille que des voleurs avoient enlevée, de mesme que celui de Peau d'Asne est conté tous les jours à des Enfans par leurs Gouvernantes, & par leurs Grand'meres. La Fable du Laboureur qui obtint de Jupiter le pouvoir de faire comme il luy plairoit la pluye & le beau temps, & qui en usa de telle sorte, qu'il ne recueillit que de la paille sans aucuns grains, parce qu'il n'avoir jamais demandé ny vent, ny froid, ny neige, ny aucun temps semblable ; chose nécessaire cependant pour faire fructifier les plantes : cette Fable, dis-je, est de même genre que le conte des Souhaits Ridicules, si ce n'est que l'un est serieux & l'autre comique ; mais tous les deux vont à dire que les hommes ne conoissent pas ce qu'il leur convient, & sont plus heureux d'estre conduits, par la providence, que si toutes choses leur succedoient selon qu'ils le désirent. je ne croi pas qu'ayant devant moy de si beaux modeles dans la plus sage & la plus docte Antiquité, on soit en droit de me faire aucun reproche. Je pretens mesme que mes Fables méritent mieux d'estre racontées que la plupart des Contes anciens, & particulierement celui de la Matrone d'Ephese & celui de Psiché, si l'on les regarde du costé de la Morale, chose principale dans toute sorte de fables,

9 *Le dictionnaire de l'Académie françoise, dédié au Roy*, Paris, Vve J. B. Coignard et J. B. Coignard, 1694, Volume 1, p. 239.

> & pour laquelle elles doivent avoir esté faites. […] Tout ce qu'on peut dire, c'est que cette Fable de mesme que la pluspart de celles qui nous restent des Anciens n'ont esté faites que pour plaire sans égard aux bonnes mœurs qu'il negligeoient beaucoup. Il n'en est pas de mesme des contes que nos ayeux ont inventez pour leurs Enfans. Ils ne les ont pas contez avec l'élegance et les agrémens dont les Grecs et les Romains ont orné leurs Fables ; mais ils ont toûjours eu un tres-grand soin que leurs contes renfermassent une moralité loüable et instructive[10].

Cette préface, écrite à l'occasion de la réédition des contes en vers, justifie *a posteriori* leur mise en recueil et le projet qu'il porte. On voit comment Perrault inscrit *Grisélidis*, les *Souhaits ridicules* et *Peau d'Âne*, dans la tradition légitimée des fables antiques, tout en revendiquant pour eux une origine populaire et française qui rompt, justement, avec la matière et la morale des Anciens. L'argument est purement rhétorique, car les contes d'origine italienne sont volontiers grivois, mais il n'empêche : les « ayeux », pères, mères, grands-mères, deviennent les dépositaires d'une sagesse à la française que l'Académicien propose de mettre en lettres. Il est amusant de noter que cette mise en vers dont Perrault est si fier ne résistera pas au temps : c'est dans sa version anonyme en prose que *Peau d'Âne* circule aujourd'hui, des *Souhaits ridicules* il ne reste que la structure ou quelques motifs, quand *Grisélidis* est tout à fait oubliée. Tout cela est encore de l'ordre du laboratoire, le conte moderne tel que nous le connaissons trouve sa formule l'année suivante, lorsque Perrault présente à Mademoiselle le manuscrit d'apparat des *Contes de ma Mère L'Oye* contenant *La Belle au bois dormant, Le Petit Chaperon rouge, La Barbe bleue, Le Maître chat ou le Chat botté et Les Fées.*

Il puise à nouveau sa matière dans les œuvres de Straparola et de Basile, mais se garde de citer ses sources et privilégie à nouveau la forme du recueil. En supprimant le récit-cadre, Perrault se démarque de ses prédécesseurs et d'une esthétique chère à la renaissance italienne, et se place en revanche sur le même plan que La Fontaine, dont l'omniprésence intertextuelle a été mise en lumière par Ute Heidmann[11]. Les contes se donnent alors à lire détachés de leur contexte narratif, en apparence du moins. Car l'illusion énonciative n'a pas complètement disparu, elle

---

10 Charles Perrault, *Griselidis. Nouvelle avec le conte de Peau d'Asne, et celuy des Souhaits ridicules*, quatrième édition Coignard de 1695, préface non paginée.

11 Ute Heidmann, Jean-Michel Adam, *Textualité et intertextualité des contes. Perrault, Apulée, La Fontaine, Lhéritier…*, Paris, Classiques Garnier, Coll. « Lire le XVIIe siècle », 2010.

est remplacée par l'image du frontispice, avec la vieille fileuse contant devant une cheminée à trois enfants. Présent dès le manuscrit d'apparat, ce frontispice est repris dans l'édition des *Histoires ou Contes du temps passé*[12] en 1697 qui, en ajoutant *Cendrillon ou la Petite Pantoufle de verre*, *Riquet à la houppe* et *Le Petit Poucet*, complète le corpus des contes de Perrault tel que nous le connaissons aujourd'hui. D'une simplicité trompeuse, l'image instaure un cadre intime, avec une vieille servante filant en contant des histoires à des enfants bien mis, parmi lesquels, au premier rang, le propre fils de l'Académicien, Pierre Darmancour, à qui est officiellement attribuée la paternité du recueil. Cette pseudo-paternité a beaucoup fait gloser, certains critiques la prenant au pied de la lettre. En réalité, ce léger jeu de masque qui ne trompe personne à la cour est un beau tour de passe-passe : Perrault évite de froisser Boileau, chef de file des « Anciens » avec qui il vient juste de se réconcilier publiquement, il offre à son fils l'opportunité de se faire remarquer par Mademoiselle auprès de qui il souhaiterait un emploi, et il détourne avec habileté la figure imposée de l'humilité : « On ne trouvera pas étrange qu'un Enfant ait pris plaisir à composer les Contes de ce Recueil » affirme la dédicace. En passant par le nom de son fils, Perrault récupère *Le Divertissement des petits enfants* et pose la figure du conteur en écouteur, figure sur laquelle brodera le siècle romantique en compagnie des Grimm. Tout ceci participe de l'instauration d'une fiction énonciative qui régule et légitime les récits à venir. Mais contrairement à la tradition italienne initiée par Basile, ici, l'espace est domestique. Le cadre narratif n'est plus peuplé de pirates ou de belles Vénitiennes, mais d'une conteuse et de quelques enfants. Il s'agit néanmoins d'un trompe-l'œil : les véritables conteuses de la fin du XVIIe siècle, celles dont l'histoire littéraire atteste l'existence, sont des femmes de lettres cultivées et intégrées aux cercles mondains. Marie-Jeanne L'Héritier ou Marie-Catherine d'Aulnoy, pour n'en citer que deux, n'ont rien à voir avec cette image de vieille servante. Cette *persona* est pourtant si forte, qu'elle éclipsera les véritables auteurs, et qu'à travers elle s'imposera l'idée d'une littérature orale, d'origine populaire, à destination des enfants, « un des contresens les plus surprenants de l'histoire de la littérature » selon Jean-Michel Adam[13].

12 Charles Perrault, *Histoires ou Contes du temps passé*, Paris, Claude Barbin, 1697.

13 Ute Heidmann, Jean-Michel Adam, *op. cit.*, p. 200.

Au récit-cadre qui faisait partie intégrante de la fiction s'est donc substituée une figure générique de vieille conteuse qui canalise et porte les représentations du genre nouveau. Les Grimm la reprennent et la redessinent de préface en préface… Ernest Tonnelat, déjà en 1912 le soulignait[14]. En cohérence avec l'idéologie romantique, ils en font la représentante d'une voix de la Nature, voix idéalement portée par les discours des êtres de nature que sont le peuple, les femmes et les enfants, mais en réalité construite et imposée par des auteurs lettrés et hommes, car ce sont majoritairement eux qui ont accédé à la postérité : Perrault, Grimm, Andersen. Faire passer le conte pour un objet naturel a permis de lui assigner une visée normative, car, comme le souligne Yves Bonnardel « La nature, c'est la norme[15] ». Nous retrouvons le processus que dénonçait Barthes[16] avec les mythes modernes : des objets culturels dés-historicisés, et ainsi naturalisés, qui posent et imposent un projet civilisationnel. S'effacer est au fond la meilleure manière de s'imposer.

L'étude des contes au XXe siècle a été hantée par cette idéologie héritée du XIXe. La construction romantique et la célébration d'un conte dit populaire, puis la relecture des contes écrits à l'aune des versions orales postérieures, ont nourri le mythe d'une littérature naturelle. Folkloristes et psychanalystes s'y sont engouffrés, et c'est encore aujourd'hui Bruno Bettelheim qui passe auprès du grand public pour le dernier grand critique du conte, et ce malgré les nombreuses preuves d'imposture révélées après sa mort[17]… Vladimir Propp reste également largement diffusé, mais

---

14 Ernest Tonnelat, *Les contes des frères Grimm : étude sur la composition et le style du recueil des « Kinder- und Hausmärchen »*, Paris, Colin, 1912.

15 « Généralement, ce qui est perçu comme naturel n'est en réalité que ce qui est habituel ou admis dans une société donnée – en particulier chez ceux qui se trouvent en position dominante : lorsque ce n'est plus par droit divin, c'est par un effet de nature que les adultes ont à régir la vie des enfants, les hommes à controler les femmes, les blancs à diriger et "civiliser" les Noirs ou les autres "races", les humains à exploiter les autres "espèces", etc. », Yves Bonnardel, « En finir avec l'idée de nature », *La révolution antispéciste*, PUF, 2018.

16 Roland Barthes, *Mythologies*, Paris, Le Seuil, 1957.

17 Son biographe, Richard Pollak, évoque les mensonges de Bettelheim sur sa vie en camp de concentration, sur ses diplômes pour enseigner à l'Université de Rockford puis prendre la direction de l'École orthogénique, sur ses résultats thérapeutiques à propos des enfants autistes, ainsi que les diverses accusations de violence de la part d'anciens patients après son suicide. Voir Richard Pollak, *The Creation of Doctor B : A Biography of Bruno Bettelheim*, New York, Simon & Schuster, 1998. Par ailleurs, son célèbre essai *The Uses of Enchantment : The Meaning and Importance of Fairy Tales* (1976), ne cite pas toujours

ses théories mal interprétées, détachées de leurs fondations historiques, excessivement simplifiées, sont passées dans la pensée française sous une forme qui frôle parfois la caricature. Le vent tourne cependant, et de nouvelles recherches tentent de dissiper les nuages du *Sturm und Drang*. Par un retour au texte et au contexte, ce renouveau critique réajuste la lunette d'observation pour dépasser la myopie des structuralistes sans tomber dans l'universalisme des folkloristes, et redonne leur juste poids aux textes en les lestant de leur épaisseur temporelle. C'est sur elles que nous nous appuierons.

Il n'est pas question pour autant de faire le procès des contes. Pas de prescription, aucun conseil : que chacun lise à sa guise le viol ou les rêves d'Aurore. Mais le succès du conte est en soi passionnant, et les évolutions de leurs réécritures signent les grandes lignes idéologiques de nos sociétés, avec leurs tournants, leurs croisements, leurs accidents. Le trafic est dense : juste pour les textes imprimés et livres numériques, la BNF compte 25 notices portant le nom de Perrault pour 2015, 41 pour 2014, 41 encore pour 2013, 53 pour 2012, 46 pour 2011... Et il s'agit simplement des publications revendiquant le nom de l'Académicien ! Aussi, les contes ne sont pas seulement dans les catalogues des éditeurs, mais également au cinéma, au théâtre, dans la publicité, dans la presse, en politique ou dans les stratégies d'entreprises avec le développement du *storytelling*... Tout notre imaginaire moderne est irrigué par le conte de fées. Et tout le monde est touché ! Pas de distinction d'âge, de provenance, ou de classe sociale. Dès les premières années, avant même l'âge de la lecture, *Le Petit Chaperon rouge, Le Chat botté* ou *Cendrillon* constituent le tout premier socle culturel commun. Cette large diffusion permet aux auteurs contemporains de jouer de l'intertextualité, de proposer à leur lectorat des œuvres palimpsestes, une littérature au second degré[18]. Mais l'enjeu n'est pas simplement textuel. Lorsque l'auteur reconfigure un conte ancien dans l'actualité de son quotidien un double mouvement s'engage. Bien sûr, le conte est renouvelé, dépoussiéré, remis au goût du jour... Mais en avait-il vraiment besoin ? Ce qui est le plus intéressant est le retour de balancier : au-delà du simple jeu littéraire, le transfert

ses sources et fut accusé par l'anthropologue Alan Dundes de plagier des chapitres d'un ouvrage antérieur, *A Psychiatric Study of Myths and Fairy Tales : their origin, meaning, and usefulness* (1963) de Julius Heuscher.

18 Gérard Genette, *Palimpsestes. La Littérature au second degré*, éditions du Seuil, 1982.

engage le réel, ou du moins la représentation que l'auteur s'en fait et le système de références qu'il partage avec son lectorat. La réécriture ne procède plus simplement d'un commentaire sur le conte, mais devient un commentaire sur son époque : le conte n'est pas juste modernisé, il se fait le révélateur de notre modernité.

L'objet de cet essai sera donc double : d'une part, retracer la construction du conte tel que nous le connaissons aujourd'hui, d'autre part voir comment les auteurs contemporains s'en sont emparés pour dire notre modernité. Nous suivrons ainsi un fil chronologique, celui des publications de Perrault, qui nous révèlera la naissance dans le laboratoire versaillais du conte de fées tel que nous le connaissons. Mais ce fil se diffractera continuellement au kaléidoscope de notre modernité : pour chaque conte, nous irons voir comment auteurs et autrices le mettent en résonnance avec l'actualité, et ce que cela leur permet de dire de notre époque.

GRISÉLIDIS

L'ancêtre oubliée

Grisélidis est au conte ce que la tante Adélaïde est au cycle des Rougon Macquart d'Émile Zola : une ancêtre un peu oubliée, que l'on retrouve pourtant dans chacun de ses descendants… Ce personnage, une vraie star en cette fin de XVIIe siècle, constitue le maillon essentiel entre la littérature de cour et le genre en émergence. Notons d'emblée que Perrault ne le présente pas comme un « conte » mais lui préfère le terme « nouvelle » au prétexte que « rien [ne] blesse absolument la vray-semblance[1] ». Pas de magie, donc, mais conclure au réalisme serait, nous allons le voir, un contresens.

L'histoire est celle d'un prince misogyne : il se méfie des femmes et refuse le mariage, malgré l'insistance de ses conseillers qui rêvent d'un héritier. Un jour il découvre une jolie bergère, en tombe amoureux, l'épouse. Il lui fait alors subir une série d'épreuves toutes plus cruelles les unes que les autres, que la jeune épouse endure avec patience et humilité. Au bout de longues années, son extraordinaire vertu est publiquement reconnue et acclamée. Grisélidis n'apparaît pas comme une nouveauté dans le paysage français, elle est même largement diffusée dans toute l'Europe et circule dans la Bibliothèque Bleue. Ces petits livres bon marché, vendus par les colporteurs, rendent les textes largement accessibles et l'historien Roger Chartier voit dans cette collection l'une des principales sources de culture des masses populaires en France[2]. La structure narrative de la nouvelle est elle-même bien connue : héritée des cours d'amour médiévales, il s'agit d'un *casum* dont la femme sort couronnée. Boccace en a fait la centième et dernière nouvelle de son *Decameron*[3] et Pétrarque a contribué à sa diffusion en en proposant une

---

1 Charles Perrault, *Griselidis. Nouvelle avec le conte de Peau d'Asne, et celuy des Souhaits ridicules*, *op. cit.*, Préface non paginée.

2 Roger Chartier, *Dictionnaire encyclopédique du livre*, Cercle de la Librairie, 2003, t. 1, p. 294-295.

3 Giovanni Boccaccio, *Decameron*, éd. Vittore Branca, Turin, Einaudi, 1956 [1349-1351], p. 867-879.

traduction latine dans ses *Lettres de la vieillesse*[4]. Cette variation générique, du recueil de nouvelles à la lettre humaniste, offrit à l'héroïne autonomie et dignité, une légitimité littéraire.

Ainsi, lorsque Perrault la présente à l'Académie française, il se plie au jeu de la réécriture, exercice privilégié des Anciens[5]. La jeune paysanne vivant au village voisin, « figliuola d'un villano », devient une bergère de pastorale. Le prince la découvre en se perdant lors d'une partie de chasse :

> L'endroit où le mena sa bizare aventure,
> Clair de ruisseaux & sombre de verdure,
> Saisissoit les esprits d'une secrette horreur,
> La simple & naïve Nature
> S'y faisoit voir & si belle & si pure,
> Que mille fois il benit son erreur[6].

Ce *locus amoenus* sert d'écrin à la jeune beauté. Grisélidis vit dans une cabane champêtre, sous un toit de chaume et de fougères, et lorsque toute la cour s'y rend pour fêter la fiancée, on nous évoque « un séjour enchanté[7] » selon la terminologie à la mode dans les fêtes de l'époque. Cette nouvelle est bien loin des codes réalistes que tenteront d'imposer les frères Grimm et le siècle romantique, mais tout près au contraire de l'esthétique précieuse de Versailles. Il ne s'agit pas en somme de « connaître comment vivent les Peuples[8] », comme l'affirmera par la suite Perrault, mais plutôt d'explorer les cœurs dans la suite des cours d'amour médiévales.

Grisélidis pose pourtant quelques fondations sur lesquelles va se construire le nouveau genre. Le premier point est la question des sources qui ne seront plus jamais aussi clairement affichées. Perrault évoque les « papiers bleus », et en citant ces petits livres bon marché diffusés par colportage, il fait signe vers une source populaire. Il récupère ainsi l'aura de naïveté inoffensive de ces livres bleus qui proposent la plupart

---

4 Francesco Petrarca, « De insigni obedientia et fide uxoria », *Senilis, XVII, 3*, 1373.

5 *Recueil de plusieurs pièces d'éloquence et de poësie présentées à l'Académie Françoise pour les prix de l'année 1691*, Paris, chez la Veuve de Jean-Baptiste Coignard et Jean-Baptiste Coignard Fils, 1691.

6 Charles Perrault, *Griselidis. Nouvelle avec le conte de Peau d'Asne, et celuy des Souhaits ridicules*, Paris, édition Coignard, 1694, p. 14.

7 *Ibid.*

8 *Ibid.*

du temps des réécritures simplifiées et aseptisées, débarrassées de toute charge politique. Des ouvrages *ad usum populi*, en quelque sorte. Mais Perrault rompt en même temps avec la filiation italienne ; alors que les emprunts à Basile ou Straparola resteront systématiques, Perrault les passe sous silence au nom de l'établissement d'un genre national, d'une « fable gauloise[9] » selon les mots de sa nièce Marie-Jeanne L'Héritier, qui s'étonne que ces contes « soient venus d'âge en âge jusqu'à nous, sans qu'on se soit donné le soin de les écrire[10] » et se propose de réparer cette erreur en faisant œuvre d'« historienne ». L'Héritier légitime sa source par son caractère savant, bien loin du stéréotype de la vieille conteuse : « une Dame tres – instruite des antiquitez Greques & Romaines, & encore plus savante dans les Antiquitez Gauloises, m'a fait ce Conte quand j'étois enfant[11] ». Il s'agit d'offrir à la nation un ensemble de textes historiquement et symboliquement vrais, et d'instituer une antiquité gauloise capable de rivaliser avec la grecque et la romaine. Ces emprunts fonctionnent comme des garants au siècle de Perrault : la Querelle des Anciens et des Modernes se nourrit précisément du flottement que revêt encore la fonction d'auteur, entre imitation et invention. Perrault joue en quelque sorte sur les deux tableaux, il invente en escamotant l'imitation. Ce flou auctorial restera l'un des traits majeurs du genre, érigé au rang d'art par les frères Grimm avec la posture (l'imposture) du collecteur, et sera à l'origine des multiples versions que nous connaissons aujourd'hui.

Le second point cardinal qu'instaure Perrault avec *Grisélidis* concerne la portée féministe. Certes le portrait que le prince fait des femmes est bien peu flatteur (et il nous faudra choisir, mesdames, entre bigote, coquette, précieuse ou joueuse), certes aussi notre pauvre Grisélidis est largement maltraitée : on lui retire ses enfants, son rang, on la renvoie en chemise chez son père, le roi menace d'épouser sa fille… mais justement ! L'ensemble de l'histoire oppose la patience et la vertu de la douce Grisélidis aux cruautés du prince. L'enjeu de l'apologue est bien de dénoncer sa misogynie, cette « sombre vapeur » :

---

9 L'expression est de Marie-Jeanne L'Héritier de Villandon, *Œuvres meslées, contenant L'innocente tromperie, L'avare puni, Les enchantemens de l'éloquence, Les aventures de Finette, nouvelles, et autres ouvrages, en vers et en prose, de Mlle L'H***, avec le Triomphe de Mme Des Houlières, tel qu'il a été composé par Mlle L'H****., Paris, Jean Guignard, 1696, p. 163.

10 *Id.*, p. 164.

11 *Ibid.*

Qui, chagrine et mélancolique,
Lui faisait voir dans le fond de son cœur
Tout le beau sexe infidèle et trompeur

Le prince est condamné avec une fermeté qui étonne tant les descriptions qui l'accompagnent ressemblent aux clichés dithyrambiques qui entourent d'ordinaire l'évocation du Roi Soleil. On retrouvera le même type de critique avec *Peau d'Âne*, où là aussi, c'est l'abus de pouvoir qui fait office d'élément perturbateur. Notons aussi que cette défense des femmes s'inscrit dans un mouvement plus large. D'abord, le XVIIe siècle est un siècle particulièrement sexiste : alors que des femmes de lettres puissantes tenaient des salons, l'Académie française va centraliser la légitimité littéraire et en écarter les femmes. Mais cette guerre des sexes redouble en réalité la Querelle des Anciens et des Modernes. Entre les férus d'Antiquités, ceux qui pensent que les grands modèles gréco-latins ne peuvent être dépassés, et que la France doit perpétuer cet héritage, et leurs ennemis qui croient au progrès, dans les lettres comme dans les sciences, et qui considèrent que le siècle de Louis XIV n'a rien à envier à ceux des empereurs, les femmes vont massivement rejoindre ces derniers. Perrault est leur tête de file, avec autour de lui quantité de femmes de talent qui se sont faites les chantres d'un génie de la langue française, de sa douceur et de sa civilité… aussi parce qu'elles n'ont pas reçu la formation latine que l'on donne systématiquement aux garçons. La Femme apparaît ainsi comme un adversaire pour le clan des Anciens qui utilise contre elle toutes les armes de la discréditation. Notamment son chef de file, Boileau, rédige la Satire X[12] qui fait scandale : 738 vers « Contre les femmes » les dépeignant comme trompeuses, dépensières, dévotes, coquettes, infidèles… On voit d'où le prince bilieux tire ses modèles ! Perrault répond à cette satire par cette *Grisélidis*, expérience pratique de la patience féminine, puis par son *Apologie des femmes* en 1694 qui part du même schéma : un père veut convaincre son fils des bienfaits du mariage.

Entendons-nous bien, le modèle des vertus féminines que pose Perrault ferait bondir n'importe quelle féministe actuelle : il est surtout question de douceur, de prudence et de soumission. Mais il est indéniable que

12 Nicolas Boileau, *Dialogue, ou Satire X. Du Sieur D****, Paris, Denys Thierry, 1694, notons que Boileau achève la rédaction en 1692, mais la commence dès 1677 : des extraits circulaient depuis longtemps.

dans la querelle intellectuelle qui secoue le Grand Siècle, et qui engage une profonde réflexion sur la division des sexes, Perrault prend parti pour les femmes, et le genre nouveau du conte avec lui. Elles sont nombreuses à s'y essayer : nous avons parlé de sa nièce, Marie-Jeanne Lhéritier de Villandon, qui publie *L'Adroite Princesse*, mais aussi *Les Enchantements de l'Éloquence* un an avant son oncle, Marie-Catherine d'Aulnoy à qui l'on doit *Finette Cendron*, *L'Oiseau Bleu*, *Le Nain jaune*, ou encore Catherine Bernard qui écrit le premier *Riquet à la houppe* ainsi que *Le prince rosier*. Le conte, en cette fin de XVIIe siècle, est un genre féministe qui met en scènes des jeunes filles vertueuses, intelligentes et dégourdies.

L'oubli relatif de ces grandes autrices au regard du formidable succès de Perrault relève de la complexe histoire des femmes de lettres. Mais Charles Perrault, sans doute parce qu'il est Académicien, parce que sa légitimité littéraire n'est pas en danger, peut se permettre d'aller très loin dans la nouveauté et va imposer un style naïf débarrassé de toute fioriture. C'est cette économie narrative qui signera véritablement le succès du genre. Les textes de ses consœurs sont souvent plus longs, plus lourds, trop lourds pour traverser tels quels le filtre des siècles. La revendication des sources aussi, toujours pour des questions de légitimité, n'adopte pas la même stratégie. Là où Perrault brandit sans complexe ses « papiers bleus », nous avons vu que sa nièce préfère, elle, inscrire les origines de ses « Fables Gauloises » dans la tradition littéraire des troubadours et des grands auteurs du Moyen Âge. Non seulement elle ne revendique pas le caractère populaire de ses contes, mais elle accuse même le peuple de les avoir souillés : « je croi, pour vous dire encore là dessus ce que je pense, que ces Contes se sont remplis d'impuretez en passant dans la bouche du petit peuple ; de même qu'une eau pure se charge toûjours d'ordures en passant par un canal sale ». Un jeu d'alliances perdant et une quête de légitimité qui va paradoxalement confiner ces histoires à ce qu'elles sont véritablement : des contes écrits pour Versailles. Le même oubli a recouvert Grisélidis, l'ancêtre effacée, l'Italienne bafouée, qui siège à l'ouverture du recueil dit des *Contes en vers*[13], mais que la postérité va complètement ignorer. Aujourd'hui sur Google, lorsqu'on tape son nom, c'est la fiche Wikipédia de Grisélidis Réal qui arrive en premier, l'écrivaine prostituée et activiste des années 70,

13 Charles Perrault, *Griselidis. Nouvelle avec le conte de Peau d'Asne, et celuy des Souhaits ridicules*, Paris, édition Coignard, 1694.

une autre figure des marges du féminisme, et une femme qui endosse paradoxalement toute la patience de son homonyme littéraire lorsqu'elle parle de ses clients. La compréhension reste l'une des grandes vertus cardinales des femmes ! Le personnage littéraire a, lui, été oublié. À une exception près : une nouvelle que propose Emmanuelle Pagano dans le recueil collectif *Leurs contes de Perrault*, paru en 2015 dans la collection « Remake » des éditions Belfond. L'actualisation est riche de transferts idéologiques.

Sa *Grisélidis*[14] pose un nouveau diptyque : une femme de basse condition a épousé un capitaine de frégate devenu attaché d'ambassade. Il n'est jamais dit où ils vivent exactement et aucune nationalité n'est expressément nommée, mais l'on comprend par recoupement que c'est au bord de la Méditerranée. L'origine de la femme n'est pas non plus nette, mais le lecteur apprend qu'elle était auxiliaire de vie et assiste à une description sans complaisance de son ancien métier : toutes les tâches dégradantes sont décrites avec force détails, les gens sont saisis dans leur faiblesse et leur folie. Pourtant, le réalisme cru de l'infirmité et de ses avanies est en réalité moins violent que le protocole tyrannique que lui inflige son mari : il l'a coupée de sa famille, de ses amis, lui a interdit tout rapport avec le monde extérieur, lui a pris ses papiers et l'oblige à rester sous la barre des cinquante kilos. À une humanité sale et souffrante, mais chaleureuse, se substitue l'expérience de la déshumanisation, la femme devient un pur objet. Ainsi, un jour elle trouve dans un placard une liste de « vêtements types » où figurent tous les cadeaux de son mari, cochés au fur et à mesure :

> Je n'avais plus l'impression que c'étaient des cadeaux, mais des accessoires pour la poupée que je suis dans ses bras, dans son bel appartement, ce bel appartement au cœur du merveilleux centre historique, tout près du palais de l'Ambassade, une poupée qu'il promène surtout à l'extérieur pour narcissiser son image, se gratifier, se valoriser dans son univers de prince contemporain[15].

L'appartement, le vêtement, le corps même, deviennent autant de barreaux de prison. Les listes sont partout, et ce dès l'ouverture avec les titres de son mari et de ses supérieurs, ou encore dans la brochure

14 Emmanuelle Pagano, « Grisélidis », *Leurs contes de Perrault*, Paris, Belfond, coll. « Remake », 2015, p. 181-202.

15 *Ibid.*

vantant les mérites de l'organisation militaire du pensionnat où il a mis leur fille, ou dans le contrat qu'il a fait signer à sa femme et où il stipule qu'elle doit absolument rester en dessous des cinquante kilos sous peine de répudiation. Un monde de papier qui la renvoie à sa propre insignifiance, elle l'« immigrée clandestine et sans papiers[16] » puisque son mari les lui a confisqués. Pas de *happy end* dans cette nouvelle, pas de reconnaissance publique des vertus de la nouvelle Grisélidis, pas de consécration de sa patience, juste un long joug qui prend l'apparence de l'horreur ordinaire, celle d'une victime d'un pervers narcissique, ce « prince contemporain », terme qui renvoie de manière troublante au film de Maïwenn, *Mon roi*[17]. Dans cette prison du couple, la femme se creuse des espaces de liberté en marchant : « Marcher, pour moi, c'est respirer, même au milieu des voitures encombrant la ville, toute la ville dès que l'on sort du centre historique, toute la ville jusqu'au raccord annulaire, là où s'arrête ma marche[18] ». Ses promenades l'amènent à explorer la ville, à nouveau métaphorique du monde et de son humanité :

> J'en ai besoin, je sais que je ne devrais pas aller si loin, il y a des gens que mon mari ne veut pas que je croise, ceux qui vivent dans les habitats abusifs de nécessité construits contre les aqueducs que je longe, il ne veut pas que je les aborde, que je leur dise bonjour, ni même que je passe près d'eux, que je les regarde, que je leur sourie. Lorsque j'ai rencontré Isabelle, pourtant, je ne pouvais pas faire autrement qu'échanger avec elle, accepter cette grappe de raisin qu'elle m'offrait, acide et immature, immangeable. Elle venait de la cueillir pour moi sur la treille qui protège sa maison, sa cabane en tôle[19].

Après un détour par l'artifice de l'Ambassade, c'est la ville et ses faubourgs qui apparaissent comme la véritable nature, non plus dans le silence des bois mais au contraire dans le brouhaha de la foule, et la cabane de tôle peut bien remplacer le toit de fougère, elle devient effectivement le séjour enchanté de la simplicité et de l'amitié, le lieu du vrai.

La Grisélidis de Perrault marque une étape, un passage : celui de la nouvelle italienne grivoise à un nouveau type de personnage, inspiré

16 *Id.*, p. 199.
17 Maïwenn, *Mon roi*, 2015.
18 *Id.*, p. 198.
19 *Ibid.*

de la pastorale et du discours courtois. C'est un conte galant encore assez loin du conte moderne tel que nous le connaissons aujourd'hui. C'est aussi un premier pion politique : Perrault se place du côté des femmes, mais aussi contre les sources légitimées en allant piocher dans les papiers bleus, et signe un texte moralement inattaquable qu'il pourra plus tard opposer à la légèreté des mœurs des contes de l'Antiquité. Le personnage de Grisélidis n'a pas traversé les siècles, mais sa position stratégique en fait l'ancêtre paradoxale des princesses féministes d'aujourd'hui.

LES SOUHAITS

Le peuple en question

La Grisélidis de Perrault n'est pas une figure populaire : c'est une bergère de pastorale, une construction artificielle et sophistiquée de l'idée de nature telle qu'en rêvait ce siècle baroque. Mais son histoire n'est pas non plus à proprement parler un conte. Perrault l'appelle « nouvelle », au prétexte que rien ne vient « blesser la vraisemblance » : il n'y a pas de merveilleux, nous sommes dans un registre que nous pourrions appeler, avec toutes les précautions nécessaires, réaliste. C'est l'inverse pour le premier « conte » officiel : il y a bien du merveilleux et le casting est beaucoup plus proche de notre conception du réalisme, celle qui s'est imposée au XIXe siècle.

« Les Souhaits Ridicules[1] » met en scène un bûcheron et sa femme, Blaise et Fanchon, aux prises avec les faveurs du ciel. Le conte paraît dans *Le Mercure Galant* en 1693 marquant avec les fables de La Fontaine[2] une forte intertextualité qui ne peut pas avoir échappé aux lecteurs de l'époque. Le conte s'ouvre en effet comme « La Mort et le Bûcheron[3] », se poursuit comme « Le Bûcheron et Mercure[4] » et se termine comme « Les Souhaits[5] », rassemblant au passage un discours métatextuel des plus intéressants. En effet, « La Mort et le Bûcheron » est en réalité une fable double chez La Fontaine : il en propose deux versions, une qu'il déclare sienne et une autre qui serait une simple traduction d'Ésope,

1 Charles Perrault, « Les Souhaits ridicules », *Le Mercure galant*, novembre 1693, p. 39-50.

2 Jean de La Fontaine, *Fables choisies, mises en vers par M. de La Fontaine*, Paris, Barbin, 1668, livres 1 et 2 ; Jean de La Fontaine, *Fables choisies, mises en vers par M. de La Fontaine*, Troisième partie, Paris, Barbin, 1678 ; et *Fables choisies par M. de La Fontaine*, Paris, Barbin, 1694.

3 Livre I, fable 16, Jean de La Fontaine, *Fables choisies, mises en vers par M. de La Fontaine*, *op. cit.*, p. 34-36.

4 Livre V, fable 1, Jean de La Fontaine, *op. cit.*, p. 195-198.

5 Livre VII, fable 6, Jean de La Fontaine, *Fables choisies, mises en vers par M. de La Fontaine*, Troisième partie, *op. cit.*, p. 31-36.

avant d'affirmer la supériorité de cette seconde car « Nous ne sçaurions aller plus avant que les Anciens[6] ». Nous sommes en pleine Querelle, et Perrault contourne habilement l'argument de son adversaire : il va plus loin. La seconde source, « Le Bûcheron et Mercure[7] », était pour La Fontaine l'occasion d'un double rappel esthétique (il ne faut pas trop d'ornements : « Un Auteur gaste tout quand il veut trop bien faire[8] ») et éthique, affirmant sa responsabilité morale : « Je tasche d'y tourner le vice en ridicule[9] ». La troisième fable, « Les Souhaits », se présente comme un conte oriental : un follet sert avec bonheur une famille en Inde. Le jour où il doit les quitter, il leur offre trois souhaits. Les braves gens souhaitent l'abondance, mais la richesse implique trop de tracas, ils demandent donc à redevenir pauvres, puis en troisième vœu, réclament la sagesse « un tresor qui n'embarasse point[10] ». Une fable exotique et optimiste que Perrault renverse : un pauvre bûcheron se lamente, Jupiter apparaît et lui promet d'exaucer trois vœux. L'homme rentre chez lui, gaspille maladroitement ses deux premiers souhaits, avant d'utiliser le troisième pour rétablir la situation initiale.

La structure, en soi, est connue, elle relève de ce que de Ruth Bottigheimer appelle les contes du peuple[11], avec un cadre réaliste et une fin pessimiste. Blaise vit en effet « sous son toit de fougère[12] », comme Grisélidis sous son « toit de chaume & de fougere[13] ». Mais la ressemblance s'arrête là : il ne reste rien d'autre dans *Les Souhaits Ridicules* de l'idéalisation pastorale de la première nouvelle. Une place importante est faite au foyer. Le feu dans Grisélidis était celui de l'amour ou des feux d'artifice lors de la fête nuptiale[14], il occupe ici un rôle nettement plus prosaïque : l'homme rentre chez lui en demandant à sa femme qu'on

---

6 *Id.*, p. 35.

7 Livre V, fable 1, Jean de La Fontaine, *op. cit.*, p. 195-198.

8 Livre V, fable 1, *Id.*, p. 196.

9 *Ibid.*

10 Jean de La Fontaine, *Fables choisies, mises en vers par M. de La Fontaine*, Troisième partie, *op. cit.*, p. 36.

11 "Folk Tale", Ruth B. Bottigheimer, *Fairy Tales. A New History*, New York, State University of New York Press, 2009, p. 3.

12 Charles Perrault, « Les Souhaits ridicules », *Griselidis. Nouvelle avec le conte de Peau d'Asne, et celuy des Souhaits ridicules*, Paris, édition Coignard, 1695, p. 6.

13 *Id.*, p. 47.

14 « Là, sont forgés d'un art industrieux, / Ces feux qui par les coups d'un innocent tonnerre, / En effrayant la Terre, / De mille astres nouveaux embellissent les Cieux. », *Id.*, p. 24., feux d'artifices qui, avec les chars et les opéras, renvoient aux fêtes de Versailles.

fasse « grand feu, grand' chere[15] » et c'est ensuite la vue de la « si bonne braise[16] » qui éveille en lui le désir du boudin, gâchant ainsi son premier souhait. Le couple de bûcherons n'habite pas un *locus amoenus*, mais une forêt bien réelle où le travail est dur et la faim perpétuellement au centre des préoccupations, y compris lorsqu'il s'agit de changer son destin.

Un conte social, alors ? Une attention portée au peuple ? Pas vraiment ! Le grand écart qu'opère Perrault est à lire comme une provocation. Il s'en explique dans son adresse :

> Si vous estiez moins raisonnable.
> Je me garderois bien de venir vous conter
> La folle & peu galante fable,
> Que je m'en vais vous debiter.
> Une aune de Boudin en fournit la matiere.
> Une aune de Boudin, ma chere ?
> Quelle pitié ! c'est une horreur,
> S'écrioit une pretieuse,
> Qui toujours tendre & serieuse,
> Ne veut ouïr parler que d'affaires de cœur.
>
> Mais vous, qui mieux qu'Ame qui vive,
> Sçavez charmer en racontant,
> Et dont l'expression est toujours si naïve,
> Que l'on croit voir ce qu'on entend,
> Qui sçavez que c'est la maniere
> Dont quelque chose est inventé,
> Qui beaucoup plus que la matiere
> De tout recit fait la beauté,
> Vous aimerez ma Fable & sa moralité ;
> J'en ay, j'ose le dire, une asseurance entiere[17].

Ces quelques lignes donnent à l'exercice sa véritable ampleur : en distinguant manière et matière, Perrault se détache de l'héritage antique et envisage la possibilité de bâtir une littérature s'inspirant de nouveaux fonds, y compris populaires, une littérature qui devrait tout à sa manière et non à sa matière. La présence de Jupiter, de même que l'évocation des mots « fable » et « moralitez » sont autant de clins d'œil à La Fontaine,

---

15 Charles Perrault, « Les Souhaits ridicules », *Griselidis. Nouvelle avec le conte de Peau d'Asne, et celuy des Souhaits ridicules*, *op. cit.*, 1695, p. 6.

16 *Id.*, p. 7.

17 Charles Perrault, « Les Souhaits ridicules », *op. cit.*, p. 39-40.

et plus généralement, aux partisans des Anciens : ce boudin polémique est un art poétique.

S'il prétend s'inscrire dans une filiation populaire, le genre ne s'adresse pas pour autant au peuple, dans sa grande majorité analphabète[18], et la moralité n'est pas particulièrement tendre avec « les hommes misérables ». L'ensemble du conte dénote de la part de l'Académicien et de son public une condescendance de mise dans la France d'Ancien Régime. Soixante ans plus tard, dans une Angleterre qui amorce déjà sa marche vers l'ère industrielle, le ton est différent. Les *Magasins* que publie Marie Leprince de Beaumont sont véritablement populaires, c'est-à-dire écrits pour le peuple. Ce n'est plus Jupiter mais bien une fée qui offre ses services au couple. Surtout, on mesure l'écart entre les représentations du peuple et le discours que les auteurs lui prêtent. Avec Marie Leprince de Beaumont, c'est la femme elle-même qui tire la morale de l'histoire : « La fée s'est moquée de nous, et elle a eu raison. Peut-être aurions-nous été plus malheureux étant riches, que nous ne le sommes à présent. Crois-moi, mon ami, ne souhaitons rien, et prenons les choses comme il plaira à Dieu de nous les envoyer ; en attendant, soupons avec notre boudin, puisqu'il ne nous reste que cela de nos souhaits[19] ». C'est cette relecture optimiste qui est restée aujourd'hui.

Dans *Trois souhaits pour une souris* un grand album illustré par Christian Guibbaud et publié aux éditions P'tit Glénat en 2013, Jean-Pierre Kerloc'h reprend la structure du conte de Perrault, mais la transforme en une histoire pour la jeunesse. Il s'agit donc d'une adaptation qui permet le passage d'un lectorat à un autre[20], avec une place importante accordée au jeu et aux formules et un contexte animalier. En effet, Blaise et Fanchon font place à Grisounet et Trotte-Pirouette, un couple de souris et ses douze souriceaux, et ce n'est plus Jupiter que Grisounet rencontre, mais la célèbre Souris Verte. Des extraits de comptines parsèment le texte, certaines célèbres, d'autres inventées dans l'écho de la narration.

---

18 Un cinquième seulement des Français signent leur acte de mariage entre 1686 et 1690 selon l'enquête Maggiolo ; Michel Fleury, Pierre Valmary, « Les progrès de l'instruction élémentaire de Louis XIV à Napoléon III, d'après l'enquête de Louis Maggiolo (1877-1879) », *Population*, 12e année, no 1, 1957, p. 81.

19 11e journée, dialogue XIII, Marie Leprince De Beaumont, *Le Magasin des Enfants*, 4 vol., Londres, 1757.

20 Catherine Tauveron, « Les *Contes* des Grimm : typologie et enjeux de leurs reformulations dans la littérature de jeunesse », in : *Fortune des* Contes *des Grimm en France, op. cit.*, p. 117.

Elles apportent au récit une touche d'oralité ludique, tandis que les illustrations stylisées et colorées invitent le jeune lecteur à retrouver le souriceau caché. Le décor est résolument moderne, et même réaliste dans le sens où il propose à l'enfant un cadre qui lui est familier. Les affaires ou les lunettes qui trainent, les jeux, le livre comme une mise en abîme, sont autant de repères qui permettent à l'enfant de projeter l'histoire de ces souris dans son propre quotidien. Le va-et-vient entre merveilleux et réalisme se poursuit dans la cuisine, quand Grisounet revient avec la boîte à fromage magique capable d'exaucer trois souhaits. L'illustrateur s'amuse du détail vrai en parodiant la célèbre marque de la *Vache-qui-rit*, tout en lui associant la démesure du merveilleux avec le « grand plat de purée à la mimolette avec plein de croûtons grillés[21] » qui occupe la moitié de la page.

Après la chambre et la cuisine, le troisième espace de l'appartement moderne se trouve être la salle de bain où la souris essaye en vain de nettoyer la purée qui lui colle à la figure comme son ancêtre le boudin, mais aussi comme le sang sur la clef de Barbe-Bleue. Ici encore, l'espace se veut réaliste, avec son radiateur et son rideau de douche à pois, le seul indice visible de féerie étant les espèces d'éclairs qui entourent la boîte et le personnage. Le discours est pourtant davantage de l'ordre du registre merveilleux :

> – Bon ! Dit Grisounet. Il me reste encore un souhait, je vais demander un trésor. Avec je t'achèterai un masque d'or pour cacher ta figure, avec un tuyau pour respirer... Je te ferai construire le plus merveilleux des châteaux forts. Ainsi, personne ne te verra. Et je fermerai toutes les portes à clef[22].

Cette solution n'est évidemment pas acceptable pour la souris blanche qui refuse, que ses « enfants foient enferbés » et qui exige un retour à la situation initiale. Le conte se termine sur l'image rassurante des parents qui recouchent leurs petits souriceaux. Le conte ici utilise de nombreux ressorts ludiques, dans l'image comme dans la virtualité de la mise en voix, mais reste fondamentalement sérieux dans son fond : l'aventure du couple de bûcherons est simplement mise à la portée de l'enfant par le double processus de la modernisation et de l'animalisation, et

21 Jean-Pierre Kerloc'h, ill. Christian Guibbaud, *Trois souhaits pour une souris*, Grenoble, P'tit Glénat, 2013, p. 16.

22 *Id.*, p. 20.

le conte classique devient une histoire du soir pour petits. Jean-Pierre Kerloc'h reste dans le premier degré : sa réécriture ne met pas à distance l'histoire originale.

Les 3 vœux de Molosse[23] écrit et illustré par Sebastian Meschenmoser en 2008 est plus complexe. Le trait, croqué au crayon gris, présente d'abord sur la seconde de couverture et les pages de titre ce qui semble être des études du protagoniste sur son matelas, emmitouflé dans sa couverture. L'histoire commence véritablement avec un réveil électrique qui marque 11 :48. La journée de Molosse commence. Traduit de « Mopsmann[24] », « *Mops – Mann* » littéralement « Carlin Homme », Molosse souligne la double nature de ce personnage bougon, terriblement humain malgré sa physionomie canine. Le lecteur suit chacune des étapes de son lever : les toilettes, la toilette, l'auteur n'épargne aucune scène à son public et multiplie au contraire les traits de réalisme. Le dessin à dominante grise, avec quelques touches de couleur, s'épaissit de détails du quotidien, comme un canard en plastique ou la brosse des WC. Parfois, un trait suffit à rappeler la matérialité d'un évier ou d'une tasse ébréchée. Avec une grande subtilité et une économie de moyens remarquable, Sebastian Meschenmoser dépeint le quotidien morne d'un être seul qui multiplie les petites avanies : plus de lait, plus de céréales, plus de café, et le journal est mouillé. La page du journal est particulièrement intéressante : entièrement grise, sans espaces blancs pour respirer, elle marque graphiquement un pic dans l'angoisse du personnage. Mais elle offre aussi une vue sur l'extérieur de la maison de Molosse qui se révèle être, malgré toutes ses installations intérieures, une niche ! Juste quatre murs et un toit qui abritent un monde insoupçonné. Ce brusque changement d'échelle surprend et amène à réévaluer les espaces de l'histoire, espaces qui se situent nécessairement dans une autre dimension, celle du merveilleux.

C'est après l'épisode du journal que Molosse, toujours en pyjama, commence à se plaindre. Alors la fée apparaît. La rupture est avant tout stylistique : la palette colorée, les traits naïfs et l'air ravi de la petite fée s'opposent en tout point au personnage gris, réaliste et bougon de Molosse et à son univers. Ses propositions de dons envahissent l'espace

23 Sebastian Meschenmoser, *Les 3 vœux de Molosse*, trad. Julie Duteil, Zurich, Minedition, 2009.

24 Sebastian Meschenmoser, *3 Wünsche für Mopsmann*, Esslingen, J. F. Schreiber, 2008.

de la page de couleurs vives : d'abord des sucreries, puis des animaux, jusqu'au château qui, avec son ciel rose, ses prairies vertes et sa piscine bleue, représente le pendant inverse de la double page grise de la niche. Le choc visuel de la rencontre des deux univers constitue en soi un discours sur le conte et sa récupération commerciale : le rose, les fées, les poneys… Sebastian Meschenmoser reprend de manière parodique les codes d'un genre qui n'est pas le sien. Molosse refuse cette tornade rose et demande un petit déjeuner, un journal sec, et en troisième vœu, il transforme l'insupportable petite fée en une truie au rose moins criard. C'est ainsi, nous dit le conte, « que Molosse et la Fée Porcine vécurent heureux jusqu'à la fin de leurs jours[25] » et l'on voit en effet Molosse et la truie lire ensemble le journal. Le va-et-vient entre les registres réaliste et féerique ne sert pas ici à installer l'enfant dans un cadre rassurant et familier, mais entend au contraire le dérouter. On se rapproche de ce que Jack Zipes a appelé le conte subversif :

> L'intention « contre-culturelle » de ces écrivains apparaît à travers les techniques aliénantes, qui ne sont plus liées aux illusions charmeuses et séduisantes d'un *happy end* venant légitimer l'actuel processus civilisateur, mais apparaissent au contraire comme des symboles conflictuels, exigeant la fin des illusions imposées[26].

S'inspirant d'un même texte source, utilisant les mêmes processus d'animalisation des personnages et de modernisation de l'espace, on voit que ces deux réécritures proposent pourtant des parcours de lecture très différents et portent sur le conte un discours presque opposé : si pour Jean-Pierre Kerloc'h il reste une structure efficace, Sebastian Meschenmoser en revanche invite son public à le remettre en cause. L'univers de référence réaliste et les codes de la féerie entretiennent des rapports divers d'une réécriture à l'autre ; complices ou en conflit, il s'agit en tout cas avec eux de juger le merveilleux à l'aune de la réalité. L'histoire des *Souhaits ridicules* de Perrault portait ce procès en germe : elle est métatextuelle, presque métafictionnelle[27] en ce qu'elle

25 Sebastian Meschenmoser, trad. Julie Duteil, *op. cit.*

26 Jack Zipes, *Fairy Tales and the Art of Subversion*, Londres, Heinemann Educational Books Ltd, 1983. Trad. François Ruy-Vidal, *Les Contes de fées et l'art de la subversion*, Paris, Payot & Rivages, 2007, p. 292.

27 Jean-Paul Sermain, *Métafictions (1670-1730). La réflexivité dans la littérature d'imagination*, Paris, Honoré Champion, 2002.

interroge précisément les rapports entre fiction et réalité. Dans le réel le plus réaliste possible, intervient le merveilleux le plus merveilleux possible : un don, absolument gratuit, sans épreuve ni condition, de trois souhaits. Évidemment, il s'agit d'un leurre : l'homme est rattrapé dans son humanité, et le réalisme même annule la dimension merveilleuse. Mais la sentence a évolué : si le Grand Siècle accusait cette humanité, les auteurs à la suite de Beaumont la célèbrent, et même, avec Meschenmoser, condamnent le merveilleux.

PEAU D'ÂNE

La femme en trois robes

La place de *Peau d'Âne* est particulière dans l'histoire littéraire, elle est à la fois exemplaire et à part. Nous avons vu en introduction que son titre, expression lexicalisée et dépréciative, sonne en 1694 comme une provocation. Une provocation qui est aussi une affirmation : un genre naît. Mais *Peau d'Âne* est également un conte à part. De par sa forme, d'une part, car Perrault n'a pas encore mis au point la prose sobre qui signera son succès, et de par son fond d'autre part, l'inceste étant d'ordinaire un sujet tragique et non plaisant[1]. Œuvre de transition, dérangeante, au seuil de l'esthétique classique et de la bienséance, P*eau d'Âne* reste un peu en retrait de l'aura brillante de ses sœurs de papier que sont *Cendrillon* ou la *Belle au Bois Dormant.* À la fin du XIXe siècle, Charles Deulin n'attribue plus guère son succès qu'au « détail pittoresque » des trois robes :

> Ce qui lui a valu en France cet immense succès, ce n'est pas la situation de l'héroïne, qu'on retrouve non moins touchante dans une foule d'autres contes, ce sont ses trois robes qui font un si brillant contraste avec son horrible déguisement. L'attention s'est accrochée à ce détail pittoresque, l'imagination s'en est amusée et la mémoire l'a retenu[2].

Cent ans plus tard, *Peau d'Âne* reste pourtant, et loin de couvrir de quelque « brillant » ses aspérités, des artistes contemporains utilisent au contraire le motif des robes dans un but politique : ils, ou plutôt, elles, y dénoncent l'inceste, et l'habit devient métonymiques d'une société patriarcale où la jeune fille doit encore et toujours trouver sa place.

Peau d'Âne s'inscrit dans la suite de *La Marquise de Salusses ou la Patience de Griselidis*[3] qui accorde au vêtement une place prépondérante.

---

1 Voir à ce propos l'article d'Alain Viala, « "Si Peau d'Âne m'était conté..." ou les frontières de la galanterie », *Littératures classiques*, n° 69, Paris, Armand Colin, 2009, p. 79-88.

2 Charles Deulin, *Les contes de ma mère l'Oye, avant Perrault*, Paris, E. Dentu, 1878, p. 96.

3 Charles Perrault, *La Marquise de Salusses ou la Patience de Griselidis*, Paris, Coignard, 1691.

Nous l'avons vu, l'histoire de Grisélidis reprend la dernière nouvelle du *Décaméron* de Boccace : Griselda, paysanne en haillons, est mise nue puis vêtue par le seigneur Gualtier qui la prend pour épouse[4]. Au moment de la disgrâce, Gualtier la renvoie chez son père comme elle est venue, c'est-à-dire nue, mais la jeune fille le supplie : qu'il lui laisse une chemise en rétribution de sa virginité qu'elle ne peut remporter ! L'homme la lui accorde. Finalement, sa constance éprouvée, la vertueuse Griselda retrouve sa place à la cour et le narrateur de conclure sur la vertu de la jeune fille et la cruauté de certains seigneurs « plus dignes de garder des cochons que d'avoir des hommes sous leur seigneurie[5] ». Boccace propose même une sorte d'ultime revanche tout à fait virtuelle :

> *Al quale [Gualtier] non sarebbe forse stato mal investito d'essersi abbattuto a una che quando, fuor di casa, l'avesse fuori in camiscia cacciata, s'avesse sí a un altro fatto scuotere il pilliccione che riuscito ne fosse una bella roba*[6].
>
> « Quant à lui [Gauthier], il n'aurait peut-être été mal mis de tomber sur une qui, chassée hors de sa maison en chemise, se fût fait secouer la pelisse par un autre, cela aurait fait une belle robe. »

Ce mot « roba », qu'on ne peut traduire correctement en français, clôt la dernière nouvelle du *Décaméron* sur un jeu de mots grivois : l'italien « roba » est un mot passe-partout comme « chose » en français, il peut signifier le vêtement (et une note de l'éditeur nous encourage en ce sens) mais aussi un éventuel petit bâtard, ou une tout autre histoire. Le galant Perrault prend soin d'effacer tout ce versant du conte, substituant à l'épisode de la chemise ce pudique ordre du roi :

> Il faut, dit-il vous retirer
> Sous votre toit de chaume et de fougere
> Aprés avoir repris vos habits de Bergere
> Que je vous ay fait preparer[7].

L'ambiguë « roba » de la nouvelle grivoise laisse place ici à l'idéal bucolique de la pastorale, et le registre comique à celui de la galanterie. Le

4 Giovanni Boccaccio, *Decameron*, éd. Vittore Branca, Turin, Einaudi, 1980, p. 1232-1248.

5 « *più degni di guardar porci che d'avere soprauomini signoria* », Giovanni Boccaccio, *op. cit.*, p. 1248.

6 *Ibid.*

7 Charles Perrault, *La Marquise de Salusses ou la Patience de Griselidis*, *op. cit.*, p. 47.

vêtement signale le glissement générique. Il reste cependant le signe d'une condition de la femme : entre le logis de son père et celui de son mari, elle est la sans domicile fixe des contes, et c'est par ses quelques robes qu'elle affiche son identité et trouve la place qui lui revient.

Dans *Peau d'Âne*, le vêtement a également cette fonction identitaire. Notons d'emblée que les trois robes fabuleuses n'ont en réalité rien de féerique, au contraire : elles sont un défi de la marraine-fée au roi, un défi qu'elle perd. À trois reprises, le souverain fait appel aux talents de son royaume : les « Tailleurs les plus importants[8] » réalisent la robe couleur du temps, « son Brodeur[9] » celle couleur de lune, puis « un riche Lapidaire[10] » se voit confier la robe couleur soleil. Chacune de ces commandes est une démonstration du pouvoir du roi sur ses sujets, mais aussi sur le cœur de la jeune fille qui flanche devant tant de merveilles, et pourrait bien se perdre sans l'appui de sa marraine. L'habit est ensuite à nouveau associé au rapport amoureux, lorsque la jeune fille aperçoit de loin le prince, elle soupire :

> D'une robe de rien s'il m'avoit honorée,
> Je m'en trouverois plus parée
> Que de toutes celles que j'ay[11].

De la robe du temps, à la robe « de rien », Perrault brode sur l'habit un discours galant relativement convenu, jusqu'à la morale (ou du moins l'une des cinq morales !) qui affirme dans un ton plus badin que satirique :

> Que de l'eau claire & du pain bis
> Suffisent pour la nourriture
> De toute jeune Créature,
> Pourvu qu'elle ait de beaux habits[12].

La fée elle-même est en réalité bien peu féerique : son seul véritable don magique est celui de pouvoir promener sous terre la cassette contenant les trois robes. Cette cassette est une résurgence intertextuelle

8 Charles Perrault, *Griselidis. Nouvelle avec le conte de Peau d'Asne, et celuy des Souhaits ridicules*, *op. cit.*, p. 12.

9 *Id.*, p. 13.

10 *Id.*, p. 14.

11 *Id.*, p. 22.

12 *Id.*, p. 35.

du « Thibaud et Doralice » de Straparola[13]. Dans ce conte, une jeune fille, pour échapper au désir de son père, est cachée par sa nourrice dans une garde-robe dont elle est la seule à avoir la clef :

> *Era nella camera della morta madre uno ramaio bellissimo, e sottilissimamente lavorato, nel quale la figliuola le sue ricche vestimenta, e care gioie tenea, né vi era alcuno, che aprire lo sapesse, se no la sua balia. Costei nascosamente trasse le robbe, e gioie, che vi erano dẽtro, e posele altrove, e mise nell armaio un certo liquore di tãta virtù, che chiunque ne prẽdeva un cucchiaro (ancor che picciolo) molto tempo senza altro cibo vivea, et chiamata la figliuola dentro la chiuse, effortandola, che là entro dimorasse fin'à tanto, che Iddio le porgesse migliore, e piu lieta fortuna, & che'l padre dal fiero proponimento si rimovesse*[14].
>
> « Il y avoit en la chambre de sa feue mère, un beau garde-robe fort magnifiquement ouvré, où la fille tenoit ses riches accoutrements et bagues, et n'y avoit personne qui le pût ouvrir sinon cette sage nourrice, laquelle ôta secrètement toutes les robes qui étoient dedans, et mit dans ce garde-robe d'une certaine liqueur, qui avoit une telle vertu quequiconque en prenoit une cuillerée il vivoit longtemps sans prendre autre réfection, et ayant appelé cette fille, l'enferma là dedans, lui conseillant d'y demeurer jusqu'à ce que Dieu lui envoyât meilleure fortune, et que le père fut hors de cette bestiale délibération[15]. »

C'est ce meuble qui, comme la peau d'âne, permet à la jeune fille de voyager incognito : un marchand de Gênes la vend au roi d'Angleterre qui découvre la princesse et l'épouse. Métonymique du legs de la mère, mais aussi de la chambre et de la féminité, cette garde-robe devient chez Perrault un accessoire galant, un meuble qui rassemble les merveilles de la monarchie et une pincée de poudre de fée. Car la caisse de *Peau d'Âne*, contrairement à celle de Doralice, est bel et bien magique. L'intervention de la féerie, ici presque anecdotique, se développera avec *Cendrillon*, marquant une évolution générique de la nouvelle grivoise au conte galant jusqu'au conte de fées proprement dit. Les robes témoignent ainsi de l'invention du conte de fées moderne, mais leur parcours ne s'arrête pas là : elles essaiment et se retrouvent aujourd'hui dans le régime réaliste de l'autofiction.

Deux autrices contemporaines recoupent en effet les robes de Peau d'Âne pour leur donner une allure résolument moderne. Il s'agit de deux femmes écrivains, deux exploratrices de l'autofiction, toutes deux prises à

---

13 Giovan Francesco Straparola, *Le Piacevoli notti*, Venise, Orpheo dalla carta, 1550.

14 *Id.*, p. 27-28.

15 Traduction de Jean Louveau, *Les facécieuses Nuictz*, Lyon, Guillaume Rouille, 1560, p. 59.

parti par la critique pour le caractère sulfureux de leur plume. La première est Catherine Cusset qui, cinq ans après son succès de librairie *Jouir*[16], écrit « Eva Podan » au sein d'un recueil collectif[17] en 2002, et l'autre Christine Angot qui publie en 2003 *Peau d'Âne* chez Stock[18], l'éditeur qui quatre ans plus tôt faisait paraître l'ouvrage qui la révélait au public : *L'Inceste*[19]. Les deux principes d'écriture sont sur le papier très similaires : le conte est convoqué de manière transparente dès le titre, et irrigue un discours qui se nourrit des lieux du vécu. Pour Christine Angot, les robes font dans un premier temps le lien avec la petite ville de province de son enfance, Châteauroux, et à sa boutique emblématique « Chez Chantal[20] » qui proposait aux enfants « Renoma, Daniel Hechter, Pierre Cardin, toutes les couleurs et toutes les formes qui arrivaient[21] ». Formes, couleurs, matières constituent une litanie obsédante qu'Angot justifie par l'hypotexte : « Je parle de ça à cause du conte de Peau d'âne, qui insistait déjà[22] ». Le motif tisse le fil d'hier à aujourd'hui : les vêtements ancrent le texte dans une historicité forte, celle de la fin des années 60 avec « la mode des jupes à godets, en tweed, et des pulls chaussettes[23] », et deviennent les marqueurs d'une évolution des mœurs et d'une libération de la femme, que la mère de la narratrice incarne avec son enfant sans mari. L'habit tisse enfin le fil d'un système généalogique :

> La mère de la petite fille, qui avait de quoi vivre, n'était pas riche. Pourtant elle s'habillait elle-même et elle habillait sa fille dans les meilleurs magasins de la ville. Elle avait peut-être moins de vêtements que les autres mais ils étaient plus beaux, mieux choisis, pour ce qui était de la classe, de l'élégance et de la distinction elle n'était pas tout à fait autodidacte, la grand-mère de Peau d'âne avait été sous le nom d'Augusta mannequin quelques années à Paris, et la famille du grand-père se considérait comme une famille d'aristocrates. Nous, les Schwartz. Le grand-père lui-même, le Juif, était toujours extrêmement bien mis, les tissus, les coupes, les chapeaux, les détails, tous les détails qu'on ne voyait habituellement pas dans cette petite ville de Châteauroux[24].

---

16 Catherine Cusset, *Jouir*, Paris, Gallimard, 1997.
17 Catherine Cusset, « Eva Podan », *Les contes de Perrault revus par...*, Paris, La Martinière, 2002, p. 7-28.
18 Christine Angot, *Peau d'âne*, Paris, Stock, 2003.
19 Christine Angot, *L'Inceste*, Paris, Éditions Stock, 1999.
20 Christine Angot, *Peau d'Âne*, *op. cit.*, p. 14.
21 *Ibid.*
22 *Id.*, p. 15.
23 *Id.*, p. 7-8.
24 *Id.*, p. 12-13.

Les vêtements inscrivent ainsi, comme chez Straparola, la narratrice dans la lignée de la mère, mais la mention du grand-père ouvre ici une autre perspective : celle de l'héritage juif dans lequel s'inscrit cette nouvelle *Peau d'Âne*, à travers la figure stéréotypée du tailleur émigré. Ces vêtements qui sont choisis avec tant de soin sont les signes d'une aristocratie paradoxale, la marque d'une communauté à la fois méprisée et fière. La filiation se poursuit encore lorsque l'autrice met en scène sa propre fille à qui elle a demandé de choisir le conte qu'elle réécrira. L'enfant hésite : « Moi, personnellement je préfèrerais faire un texte sur le chat botté. Mais un autre conte aurait pu mieux t'intéresser[25] », avant de choisir le conte de *Peau d'Âne* dans la suite de l'obsession maternelle. Toute l'œuvre de Christine Angot est hantée par la figure de ce père qu'elle rencontre à l'âge de 14 ans et qui l'embrasse à la place du prince. La transposition relève ici de la réappropriation[26] : au-delà de la modernisation, on assiste à une actualisation au sens linguistique du terme, le conte passe de l'univers virtuel de la langue à celui de la parole, il devient le témoignage d'une expérience personnelle.

Catherine Cusset appartient à la même génération que Christine Angot, et a elle aussi défrayé la chronique par une écriture autofictionnelle au plus près de l'intime. Sa réécriture intitulée *Eva Podan* reprend, comme pour Christine Angot, les lieux où elle a vécu : New York qui est sa ville d'adoption, mais aussi Prague où elle a passé deux ans de 1997 à 1999. Le parallèle s'arrête là. Le parti pris est ici pleinement romanesque. Catherine Cusset, normalienne, agrégée, et enseignante à Yale, n'a jamais connu les milieux de la mode ou ceux de la mafia qu'elle met en scène dans sa nouvelle. Son héroïne est en effet une jeune tchèque, Eva Podan, qui devient mannequin et part à New York où elle rencontre un mafieux russe qu'elle soupçonne être son père. Parce qu'elle refuse de l'épouser, l'homme la fait défigurer. C'est par l'Histoire avec un grand H que le conte s'ouvre place Wenceslas pendant la Révolution de Velours de 1989. La protagoniste, alors âgée de 13 ans, y porte un drapeau et sa photo apparait en première page des journaux. Sorte de

25 *Id.*, p. 33.

26 « Le texte-source, sur le mode sérieux, est, selon l'expression de Genette, "réinstancié" et incorporé dans l'univers stylistique, symbolique et fantasmatique personnel de l'auteur », Catherine Tauveron, *Fortune des* Contes *des Grimm en France, Formes et enjeux des rééditions, reformulations, réécritures dans la littérature de jeunesse*, Clermont-Ferrand, Presses Universitaires Blaise Pascal, collection « Mythographies et sociétés », 2013, p. 119.

Marianne slave, symbole de liberté et emblème de son pays, la jeune héroïne fonctionne au fil du texte comme une allégorie. Les vêtements participent de ce jeu symbolique lorsque la jeune fille devient mannequin. Son premier contrat est, paradoxalement, pour un maillot de bain, mais ce déshabillage public a un impact direct : « Notre vie a changé. Ma mère a arrêté de coudre. [...] J'ai commencé à fréquenter les boutiques de l'avenue Pařiška[27] ». Pour autant, la jeune fille ne se laisse pas gouverner par l'emprise superficielle de la mode, elle tombe amoureuse d'« un garçon grand et brun qui ne portait pas de costume Hugo Boss et de chemise à boutons de manchettes, mais une veste démodée en tissu bon marché[28] ». C'est pourtant pour ce garçon qu'elle avorte puis tente de se suicider, perdant d'un coup la reconnaissance de sa patrie et de son père. Elle décide alors de partir pour les États-Unis. Cusset, comme Angot, thématise la filiation lorsque juste avant le départ, la protagoniste retrouve sa mère pour lui dire adieu.

> Elle avait un cadeau pour moi. J'ai pensé, je ne sais pourquoi, à la croix que j'avais découverte enfant. Mais c'était une écharpe en vison râpée qu'elle avait héritée de sa mère. Elle m'a glissé une petite carte dans la main. « Si tu as des ennuis, Iva, appelle cet homme. Il habite à New York. Il aidera la fille d'Elena Podanova[29].

Ce rendez-vous est le lieu d'une transmission sur plusieurs niveaux. La mère remet symboliquement une écharpe ayant appartenu à sa propre mère, comme un objet transgénérationnel, mais le lecteur averti ne peut en outre ignorer le clin d'œil métatextuel où le vison râpé fait figure d'avatar de la peau d'âne perraldienne. Son double statut d'objet de fourrure animale de prestige (un vison) devenu laid (râpé), renforce ce lien. S'opère en même temps une passation vers le père puisqu'Elena Podanova est en train de donner à sa fille, sans le lui avouer, le nom de son géniteur : Ivan Kaganovitch. Comme dans le texte de Christine Angot, il s'agit bien d'une réappropriation, mais le conte n'est plus ici au service de l'intime mais du collectif. Un lecteur assidu de l'œuvre de Catherine Cusset y retrouvera les thématiques récurrentes assimilables à une mythologie personnelle : les difficultés de l'émigration et ses joies,

27 Catherine Cusset, *Les contes de Perrault revus par...*, *op. cit.*, p. 9.
28 *Id.*, p. 10.
29 *Id.*, p. 12.

avec un intérêt particulier pour la figure de l'homme postcommuniste que l'on retrouvera en 2008 dans *Un brillant avenir*[30]. On peut ainsi voir comment à partir d'un procédé identique, c'est-à-dire la réécriture d'un même conte dans des espaces vécus, deux œuvres arrivent à des points presque opposés, l'une relevant de la confession proche du journal intime, quand l'autre propose au contraire une fresque historique. La mise en scène des rapports de pouvoir passe ainsi d'un microcosme psychique à un macrocosme géopolitique, avec chaque fois pour l'héroïne le gage d'un équilibre à retrouver dans les aléas de l'Histoire. Les robes permettent ainsi d'inscrire la protagoniste dans son histoire (sociétale, familiale, personnelle), tout en assurant la filiation générique, et deviennent ainsi le symbole de la condition féminine.

À la suite de Perrault, les deux autrices contemporaines reprennent et développent le motif des robes comme moyen de définir la place de la femme au sein de la société. Dans la nouvelle de Catherine Cusset, ce n'est qu'à New York que se réalise véritablement l'épisode des trois robes. La jeune fille, sans argent et sans papier, a fait appel audit Ivan et une relation ambiguë s'est installée : la jeune fille est attirée par cet homme bien qu'elle le soupçonne d'être son père. Il refuse ses avances mais l'aide, lui fournit logement, argent, contrats. La thématique de l'émigration rejoint ici habilement celle de l'exil du conte source : dans les deux cas, la jeune fille est entre deux espaces, sans attaches, fragilisée, et ce sont les robes qui lui permettent de maintenir son identité. Mais il s'agit toujours d'une identité dans le regard de l'autre, et donc quelque chose qu'elle ne maîtrise pas. À ce moment de l'histoire, tout semble sourire à la jeune fille en exil, et un défilé sur les contes de fées est organisé par un grand couturier :

> Mon nom me prédestinait au rôle de Peau d'Âne. Trois fois je marchais sur le podium affublée d'une fausse peau d'âne, que je laisserais tomber pour révéler les créations les plus fantastiques, trois robes du soir, une de la couleur du temps (un long fourreau de soie sauvage bleu turquoise dénudant les épaules), une autre de la couleur de la lune (une robe de tulle grise, transparente, où la lune et les étoiles tissées de fil d'argent cachaient mes seins et mon pubis), et la troisième de la couleur du soleil. [...] Assis au premier rang, à côté des VIP, il avait les yeux fixés sur moi[31].

---

30 Catherine Cusset, Un *brillant avenir*, Paris, Gallimard, 2008.

31 Catherine Cusset, *Les contes de Perrault revus par... op. cit.*, p. 18-19.

Nouveau point de bascule pour l'héroïne : l'homme qui maintenait jusque-là son rôle de protecteur paternel lui propose le mariage. La jeune fille prend peur, et demande en plaisantant, pour gagner du temps, la robe couleur du soleil. Lorsqu'il la lui apporte, elle est prise au piège, tente de s'enfuir, mais est vite retrouvée par l'homme qui la somme de tenir sa promesse. La robe comme chez Perrault est à la fois une démonstration d'amour et de force. Catherine Cusset insiste sur la dimension érotique de ces robes. La protagoniste au moment de la demande en mariage porte une robe « légère à bretelles sous laquelle pointaient [ses] seins nus[32] » et au moment du procès on lui reproche ses tenues « de minijupes et de petits dos-nus qui [la] déshabillaient plus qu'ils ne cachaient [son] corps[33] ». L'ambiguïté de la place de la femme se révèle dans ce rapport double au corps, à la fois célébré et accusé.

Christine Angot interroge également le regard posé sur le corps de l'enfant. L'autrice en effet porte une attention particulière au vêtement enfantin qui s'ouvre à la mode avec la fin de l'uniforme scolaire et instaure un troublant mimétisme mère/fille sur lequel la narratrice revient comme un *leitmotiv.* Cette question du « mimétisme » est en effet présente dès l'incipit et se développe par reprises avec une progressive sexualisation :

> c'était vraiment une mode nouvelle pour tout le monde, les filles et les mères. Tout le monde avait les yeux braqués, dans la rue, sur les filles qui passaient en mini-jupe et en manteau maxi, ça déclenchait aussi beaucoup de quolibets, mais pour la première fois ces filles n'étaient pas des putes, elles étaient à la mode[34].

Une mode, donc, qui déteint sur les enfants : « Les enfants étaient en train d'avoir leur mode et cette mode était sexy[35] », et qui résonne de manière dérangeante avec l'histoire de *Peau d'Âne* et le rôle trouble qui sera celui de la jeune fille. Mais cette époque des vêtements colorés aux matières audacieuses et douces reste pour la narratrice un moment de bonheur qui s'achève avec l'arrivée du père. Hormis le baiser du premier soir, explicitement évoqué, l'inceste est tout entier dit dans la métaphore des vêtements trop serrés qu'il offre à sa fille :

32 *Id.*, p. 19.
33 *Id.*, p. 22.
34 Christine Angot, *op. cit.*, p. 16.
35 *Ibid.*

> Il savait qu'il les offrirait un jour à sa fille, c'était donc pour ça qu'il l'avait prénommée Peau d'âne, vêtements qui collent à la peau, comme la peau d'un âne, un âne efflanqué, un pauvre âne, qui n'a rien d'autre à se mettre que sa propre peau qui lui colle aux os[36].

Alors que le vêtement jusque-là inscrivait l'autofiction dans un cadre réaliste précis, il fait ici basculer le texte dans le récit allégorique, sinon fantastique. C'est une véritable métamorphose que la peau de bête, et avec elle l'inceste, disent. La prise de pouvoir du mâle est ici avant tout un dépouillement, avec l'assignation d'une nouvelle identité placée sous le signe de la honte : « c'était devenu son style. Elle avait fini par s'y faire, même si ça faisait le vide autour d'elle[37] ». Le vêtement est ainsi pour la narratrice un moyen de s'inscrire dans l'Histoire, celle d'un moment d'euphorie où la femme se libère et entraîne avec elle sa fille, mais aussi dans son histoire personnelle, en faisant figurer le poids de l'inceste comme une nouvelle peau que l'on peut recouvrir mais jamais vraiment cacher. L'autofiction trouve ainsi dans le conte une nouvelle façon de se dire et l'inceste y est en réalité bien plus présent que dans le roman qui porte pourtant son nom. L'autrice noue autour de l'âne un réseau d'images qui rassemblent les facettes de son mal-être : l'empreinte de la honte dont elle se sent recouverte, l'anorexie qui la décharne, l'insomnie qui l'oblige à dormir debout, les « hi han » d'une prose inaudible qui fait rire le public… Christine Angot, à travers le conte de Charles Perrault, propose une mise au point d'une grande lucidité quant à ses obsessions et à ses difficultés à les partager, tout en imposant dans une sorte de pied de nez ces mêmes obsessions sous une autre forme, comme couvertes d'une peau d'âne. La transposition de l'hypotexte dans un espace-temps contemporain marque l'hybridation des genres du conte et de l'autofiction, où le texte patrimonial est mis au service d'une relecture de sa propre vie, servant ainsi de grille de compréhension de la réalité. Le conte est une sorte de langage commun de l'auteur au lecteur, un braiment familier qui permet de s'expliquer, étymologiquement, de se « déplier » face au public. Par sa structure narrative, le conte donne sens à l'histoire, il lui donne une signification et une direction.

---

36 *Id.*, p. 20.

37 *Id.*, p. 21.

Ainsi, dans ces deux réécritures modernes, le vêtement porte le paradoxe de l'affirmation féminine qui traverse et bouleverse la fin du XXe siècle : la révolution de la mini-jupe, étape vers une affirmation du corps féminin, reste une fausse liberté et les deux héroïnes en font chacune l'expérience. La liberté de la robe est une liberté pleine de liens, liens à celui qui l'offre, comme dans l'hypotexte, et qui possède de fait le pouvoir économique, mais liens aussi au regard de l'autre, d'une féminité qui s'affirme par sa sexualisation. Le vrai pouvoir est aux mains des hommes, qu'ils portent « des mocassins en cuir fin et [des] pardessus [...] en cachemire[38] » comme le père de Christine Angot, brillant universitaire, ou bien « une veste démodée en tissu bon marché[39] » comme l'homme dont tombe amoureuse la protagoniste de Catherine Cusset et qui est « le numéro deux de la Banque centrale ». Le pouvoir masculin réside dans sa position et peut, lui, se passer des signaux symboliques que représentent les vêtements. L'usage de la réécriture souligne une profonde cohérence de Perrault à aujourd'hui : de *Grisélidis* à *Peau d'Âne*, le conte creuse un sillon qui se poursuivra avec *Cendrillon* où la robe devient, avec la métamorphose spectaculaire de la souillon en beauté, le symbole de la réussite féminine. En revenant aux sources, Christine Angot et Catherine Cusset nous invitent à nous méfier de tels raccourcis. Leurs personnages rapportent toutes deux l'expérience d'une révolution déçue : Peau d'Âne peut bien s'échapper, se vêtir ou se travestir, c'est toujours l'œil du prince dans la serrure qui lui donne sa légitimité et fonde son identité.

---

38 *Id.*, p. 20.
39 Catherine Cusset, *op. cit.*, p. 10.

LA BELLE AU BOIS DORMANT

Le rêve d'un siècle

On peut dormir cent ans et ne pas perdre son temps. Après une brève apparition dans le roman médiéval *Perceforest*[1], le motif de la belle endormie revient à la Renaissance sous la plume licencieuse de Basile, avant d'être policée par celle de Perrault, pour fournir enfin son égérie aux studios Disney qui font de son château le symbole du genre et un parc d'attractions... La belle et son sommeil traversent les siècles et leur parcours est proprement impressionnant. Mais le voyage ne s'arrête pas là. Accusée au XXe siècle par les mouvements féministes de valoriser une image passive, voire morbide, des femmes, on voit aujourd'hui la jeune fille retrousser ses manches pour prendre en main son destin.

La Belle au Bois Dormant est un conte également charnière dans l'émergence du genre. Il est fondamentalement lié à l'univers médiéval et à sa tradition romanesque, constituant de fait un pivot entre la mythologie grecque et le conte moderne. *Perceforest* est une œuvre anonyme, en prose, composée aux alentours de 1340, qui se présente comme une chronique de la Grande-Bretagne, en tirant des liens entre la matière de Rome, c'est-à-dire la mythologie gréco-latine, et la matière de Bretagne, les romans arthuriens. Troïlus, un prince troyen, est amoureux de Zellandine. Zéphyr l'emmène en haut de la tour où la belle est endormie. Troïlus hésite : doit-il prendre la vertu de la jeune fille alors qu'elle est endormie ? Vénus s'impose de toute sa puissance, il ne peut résister. Toujours inconsciente, Zellandine accouche neuf mois plus tard d'un nouveau-né, Bénuïc qui en cherchant le sein de sa mère, tète son doigt et retire l'écharde de lin qui la maintenait assoupie. Zellandine revient à la vie. La raison de son sommeil nous est donnée plus tard dans le roman : la déesse Thémis n'ayant pas trouvé de couteau à sa place lors du repas de naissance avait lancé une malédiction sur l'enfant : la

1 *Perceforest*. [1313-1344], éd. Gilles Roussineau, Genève, Droz, 1987-2014.

première fois qu'elle filerait du lin, une écharde l'endormirait. Vénus, également présente, s'engage alors à la faire réveiller. D'où Troïlus. Ce couple n'est pas central dans *Perceforest*, mais tous les éléments sont bel et bien présents.

Ces premiers romans dynastiques étaient des outils politiques permettant d'associer une couronne à de mythiques ancêtres, d'origines plus ou moins divines. Il s'agissait alors de glorifier une lignée, l'individu étant tout entier définit par son sang. *La Belle au Bois dormant*, comme Zellandine, relève ainsi du « conte de restauration » :

> Comme leurs prédécesseurs médiévaux, [les contes de restauration] commencent avec un personnage royal – la plupart du temps un prince ou une princesse, mais parfois aussi un roi ou une reine – qui est écarté de son foyer et de son héritage. Jetés dans le monde, les personnages royaux doivent faire face à des aventures, accomplir des tâches, subir difficultés et épreuves. Grâce à l'aide d'un adjuvant magique, ils parviennent à mener à bout leurs tâches, à dépasser les difficultés infligées, et traversent les épreuves de reconnaissance, après quoi ils font un mariage royal et sont restaurés sur le trône, ce qui est un juste retour à leur position sociale, économique et politique[2].

La Belle au Bois Dormant présente une version minimaliste de ce type de conte, puisque l'épreuve de l'héroïne consiste à dormir cent ans[3], mais se double d'une seconde partie : la confrontation avec la femme légitime chez Basile, avec la belle-mère ogresse chez Perrault. Les péripéties de héros mariés sont chose fréquente dans la littérature médiévale, alors qu'ils sont absents des contes d'ascension où le mariage marque l'accomplissement total du protagoniste, et donc la fin de l'histoire. Cette différence fondamentale justifie l'oubli de la seconde partie dans l'imaginaire actuel par une mutation générique de *La Belle au Bois Dormant* : associée aux contes de fées modernes, le mariage apparaît comme sa fin nécessaire et suffisante.

---

2 « *Like their medieval precursors, [restoration fairy tales] begin with a royal personage – usually a prince or a princess, but sometimes a king or queen – who is driven away from home and heritage. Out in the world, the royals face adventures, undertake tasks, and suffer hardships and trials. With magic assistance they succeed in carrying out their assigned tasks, overcoming their imposed hardships, and enduring their character-testing trials, after which they marry royally and are restored to a throne, that is, they return to their just social, economic, and political position.* », Ruth B. Bottigheimer, *Fairy Tales. A New History*, New York, State University of New York Press, 2009, p. 10, je traduis.

3 *Ibid.*

Ici encore, le conte tel que nous le connaissons subit d'abord un passage par la nouvelle italienne. Basile dans son *Cunto de li cunti*[4] rapporte l'histoire de *Sole, Luna e Talia* : un seigneur à la naissance de sa fille fait venir les devins et apprend qu'une écharde de lin la plongera dans un profond sommeil. Il tente de la protéger, en vain. Quand la jeune fille succombe à la malédiction, il l'installe sur un fauteuil de velours et part. Un roi passe par là, la voit, la viole. Thalie met au monde deux jumeaux qui la délivrent de l'écharde. L'histoire se poursuit alors avec la femme légitime du roi qui cherche à se venger et finit brûlée dans le feu qu'elle préparait pour Thalie. Le motif, avec Basile, prend des allures de nouvelle grivoise. Ainsi, le prince ne s'embarrasse plus des exhortations de Vénus. La passation du père au mari est représentative du glissement.

> *La pose, dintro a lo medesimo palazzo che steva 'n campagna, seduta a na seggia de velluto, sotta a no bardacchino de 'mbroccato, e, chiuso le porte, abbannonaie pe sempre chillo palazzo causa de tanto danno suio, pe scordarese 'n tutto e pe tutto la memoria de sta desgrazia*[5].
>
> « Il fit alors porter sa fille dans un château qu'il avait à la campagne, et l'assit sur un siège de velours, sous un dais de brocart ; après quoi il ferma les portes et, à cause d'une si grande perte, afin d'oublier à tout jamais son infortune, il abandonna pour toujours ce palais[6]. »

À cette mise en scène dynastique où le père offre, comme une dot, l'un de ses châteaux en mausolée où sa fille règnera dans l'éternité répond en un jeu de miroir burlesque l'arrivée du prince :

> *All'utemo arrivaie a la cammara dove steva Talia comme 'ncantata, che vista da lo re, credennose che dormesse, la chiammaie ; ma, non revenenno pe quanto facesse e gridasse e pigliato de caudo de chelle bellezze, portatola de pesole a no lietto ne couze li frutte d'ammoree, lassatola corcata, se ne tornaie a lo regno suio, dove non se allecordaie pe no piezzo de chesto che l'era occiesso*[7].
>
> « À la fin, il arriva à la chambre où Thalie était comme enchantée. Au premier coup d'œil, le roi crut qu'elle dormait et il l'appela ; mais il ne put la réveiller, quoi qu'il fît.

4 Giambattista Basile, *Lo cunto de li cunti*, [1634-1636], traduction et éd. Michele Rak, Milan, Garzanti, 2006.

5 Giovan Battista Basile, *Lo cunto de li cunti*, *op. cit.*, p. 444.

6 *Les Contes de ma mère l'Oye avant Perrault*, trad. Charles Deulin, Paris, E. Dentu, 1879, p. 150-157.

7 Giovan Battista Basile, *op. cit.*, p. 444.

> Comme il s'était épris de sa beauté, il la porta à bras le corps sur un lit [1], la laissa couchée et s'en retourna à son palais, où il ne tarda pas à oublier toute cette aventure[8]. »

À l'oubli douloureux du père répond celui désinvolte du prince, à la verticalité, l'horizontalité, l'un sort par la porte, l'autre entre par la fenêtre, l'un tente d'apporter à la jeune fille une dignité, l'autre la lui retire. Cet écart disparaît sous la plume de Perrault, où le roi « fit mettre la Princesse dans le plus bel appartement du Palais, sur un lit en broderie d'or et d'argent ; on eut dit un Ange[9] ». La mise en scène est validée par la fée qui « approuva tout ce qu'il avoit fait[10] », puis, de nouveau, comme confirmée par l'arrivée du prince cent ans plus tard :

> Il entre dans une chambre toute dorée, & il vit sur un lit, dont les rideaux estoient ouverts de tous côtez, le plus beau spectacle qu'il eut jamais veu : Une Princesse qui paroissoit avoir quinze ou seize ans, & dont l'éclat resplendissant avoit quelque chose de lumineux et de divin[11].

Au-delà des impératifs moraux qui sous-tendent la reconfiguration, on voit ici comment Perrault met en reflet les deux scènes de manière harmonieuse, permettant à la mise en scène du père de se réaliser dans le spectacle que découvre le jeune prince. Il efface tout ce qui pouvait suggérer un rapport sexuel, et même tout contact physique, le prince se met simplement à genoux et « comme la fin de l'enchantement estoit venuë, la princesse s'éveilla ». Le baiser qui reste aujourd'hui dans l'imaginaire collectif, celui-là même qui fut pointé du doigt lors de la vague Me Too, est en réalité une invention des frères Grimm. Sous leur plume, la belle endormie passe à la moulinette du romantisme, et l'on voit le conte et le château envahis de roses, jusque dans le titre : *Dornröschen*, « Petite Épine de Rose ». Les studios Disney reprendront le motif et en feront une scène hollywoodienne, accompagnée des battements de cils du réveil.

Ce resserrement d'espace et de ton permet de souder le hiatus fondamental qu'introduit en réalité Perrault, celui du temps : les 100 ans.

---

8 Traduit par Charles Deulin, *op. cit.*, qui ajoute pudiquement en note l'extrait tronqué non traduit « [1] *Ne couze li frutte d'ammore.* », que l'on pourrait traduire par « il y cueillit le fruit de l'amour ».

9 Charles Perrault, *Histoires ou Contes du temps passé, op. cit.*, p. 12.

10 *Id.*, p. 15.

11 *Id.*, p. 25.

Car c'est là le point névralgique du récit, et le moment où la nouvelle devient conte de fées. Nous ne sommes plus du tout dans la pseudo-magie de *Peau d'Âne* qui ne servait qu'à mettre en valeur la puissance du roi, ici c'est bien la fée qui dirige les opérations. À deux reprises le roi essaye d'imposer son pouvoir par des édits, à deux reprises, ils sont inutiles : quand il tente de faire disparaître les fuseaux du royaume, puis quand il veut empêcher les curieux d'approcher du palais. Inversement, le pouvoir des fées est quant à lui structuré (les jeunes fées ont moins de pouvoir que leurs aînées), pragmatique (elle endort le personnel), rapide (« les Fées n'estoient pas longue à leur besogne[12] ») et non négociable (« l'Arrest des Fées l'ordonnoit ainsi[13] »). Il n'y a pas de lutte comme dans *Peau d'Âne*, plutôt une résignation du souverain au *fatum* des fées. En revanche, le palais du prince, avec sa belle-mère ogresse, est nettement plus problématique. Il est le lieu de la négligence du prince, de l'abus de pouvoir de la régente, et pose la question de la désobéissance à travers la figure du maître d'hôtel qui trahit la reine mère pour sauver la jeune famille. Cet espace n'a pas connu de fortune littéraire, et le motif de la belle-mère tortionnaire, hérité du conte de Psyché, s'est déplacé sur celui de la marâtre, pièce rapportée des remariages. L'histoire de la réception va simplement tronquer le conte pour clore sur le mariage à la manière des contes d'ascension. Mais le résultat est pour le moins étrange : voilà un conte où l'héroïne ne fait rien, strictement rien, que de dormir cent ans. Elle devient alors l'archétype de « la femme dans le frigo[14] », ficelle scénaristique fort répandue dans les *comics* et qui consiste à tuer, torturer ou déposséder un personnage féminin pour permettre à l'héroïsme masculin de se révéler.

Les réécritures contemporaines prennent volontiers le contre-pied du conte source en renversant les caractéristiques du personnage principal. Aux qualités passives de patience et de soumission, valeurs féminines au temps de Perrault, les auteurs contemporains opposent des figures féminines particulièrement actives. La jeune protagoniste de *La Belle au doigt bruyant* se pique le doigt au saphir d'un électrophone et se met

12 *Id.*, p. 17.
13 *Id.*, p. 11.
14 WIR (Women In Refrigirator) est un groupe fondé par la scénariste Gail Simone qui dénonce les violences systématiques faites aux personnages féminins dans les *comics*. Ils ont dressé une liste et créé un site en 1999 : http://lby3.com/wir (consulté le 28/04/2021).

à danser avec frénésie. Elle danse ainsi toute la nuit, et au lendemain un vent de folie s'est levé sur l'immeuble, puis sur la rue : les gens chantonnent ou s'improvisent musiciens, partout l'on danse et l'on rit. Cette explosion de gaieté est perçue comme un danger par le gouvernement qui s'apprête à raser la rue pour éviter que le mal ne se propage. C'est un jeune garçon – que sa mère considère comme « un vrai petit prince[15] » qui règle la situation par un baiser qui calme la jeune fille. Le cas est apparenté à une « danse de Saint-Guy[16] », du nom donné aux mystérieux phénomènes d'hystérie collective observés entre les XIVe et XVIIIe siècles où des groupes de personnes se sont mis à danser jusqu'à épuisement. La belle endormie de l'hypotexte perraldien est ainsi devenue un personnage hyperactif qui met en danger son entourage. Cependant, la figure féminine est finalement moins développée que celle du jeune garçon. C'est lui le véritable héros du conte, lui qui nous est présenté dès l'incipit, lui aussi qui fait preuve de courage en enjambant la dynamite déposée par les forces de l'ordre pour aller sauver la foule en danger. Il subit alors une série d'épreuves : danse du cerceau où « Clément ne fut pas ridicule, il ne fit pas tomber le cerceau[17] », puis une valse et « justement, Clément dansait très bien la valse[18] » puis le baiser qui le consacre en héros : « Clément fut proclamé bienfaiteur du genre humain et sa mère triompha, depuis le temps qu'elle disait que son fils était un prince Charmant[19] ! ». L'antisexisme de cette réécriture est peut-être davantage dans la figure du jeune héros idéaliste et danseur, une figure non-guerrière capable de se coordonner aux princesses non-passives d'aujourd'hui. La transposition ne repose pas sur la dégradation de types préétablis, mais en consacre de nouveaux.

La proposition de Beatrice Masini est davantage tournée vers les figures féminines du conte, la princesse et les fées. L'écrivaine, lauréate du prix italien Andersen en 2004, reprend dans son recueil *Storie dopo le storie*[20] une série de contes célèbres pour en proposer une continuation. On peut ici parler de « fictions transfuges » en ce qu'elles « s'inscrivent dans les zones d'indétermination de la narration, explorent l'incomplétude

15 Philippe Dumas, Boris Moissard, *op. cit.*, p. 43.
16 *Id.*, p. 50.
17 *Id.*, p. 51.
18 *Ibid.*
19 *Id.*, p. 52.
20 Beatrice Masini, *op. cit.*

constitutive des récits sources, en particulier leur amont et leur aval[21] ». Le projet est présenté aux jeunes lecteurs dans la préface :

> *Che cosa succede dentro le fiabe quando sono finite ? Noi non lo sappiamo. [...] Per noi quei personaggi saranno sempre uguali, [...] a noi piacciono così, è così che li conosciamo. Ma se cresciamo noi, e compleanno dopo compleanno cambiamo, forse crescono anche loro. In una parte di libro che non si vede ma c'è, forse hanno davanti a sé pagine bianche per inventare il resto della loro storia. Solo che noi non lo sappiamo. Non lo sappiamo, però possiamo immaginare che succede, e come succede*[22].
>
> « Que se passe-t-il dans les contes quand ils sont finis ? Nous, nous ne le savons pas. [...] Pour nous ces personnages seront toujours pareils [...] nous les aimons comme ça, c'est comme ça que nous les connaissons. Mais si nous grandissons, nous, si anniversaire après anniversaire nous changeons, peut-être qu'ils grandissent eux aussi. Dans un endroit du livre que nous ne voyons pas mais qui existe, peut-être qu'ils ont devant eux des pages blanches pour inventer le reste de leur histoire. Simplement, nous ne le savons pas. Nous ne le savons pas, mais nous pouvons imaginer ce qui arrive, et comment cela arrive. »

Le pacte de lecture que l'autrice noue ici avec son jeune public est particulièrement intéressant. Il fait d'une part preuve d'une grande sincérité avec l'affirmation à trois reprises de « nous ne le savons pas », qui tranche d'avec les postures ludiques habituelles du « comme si » que l'on trouve par exemple chez Bruno Munari. Il instaure un rapport de type sérieux qui se poursuit dans le reste du propos où il est question : du plaisir du même (« nous les aimons comme ça »), de l'évolution (« peut-être qu'ils grandissent eux aussi »), et du libre arbitre (« devant eux des pages blanches »). Bien sûr cette présence de pages blanches peut ouvrir une piste fantastique et une double lecture est possible. Même, cette image de personnages grandissant avec leur lecteur renvoie plus généralement au fonctionnement des contes : reconfigurés siècle après siècle pour s'adapter aux publics, les contes sont en même temps revendiqués comme « mêmes », fruits d'un héritage ancestral, et grandissent ainsi avec le lecteur en tant qu'être individuel en construction, mais aussi comme membre de la société.

L'histoire que propose Beatrice Masini se situe donc après la fin du conte. En réalité, il s'agit d'une version tronquée, car il n'est pas question

---

21 Catherine Tauveron, "Les *Contes* des Grimm : typologie et enjeux de leurs reformulations...", *Fortune des* Contes *des Grimm en France*, *op. cit.*, p. 110.

22 *Id.*, p. 7-8. Je traduis.

de l'épisode avec la belle-mère ogresse du texte de Perrault. L'autrice ne s'inspire pas pour autant des Grimm, mais plutôt de la version des studios Disney lorsqu'elle reprend l'épisode de l'éducation de la jeune fille dans les bois par les trois fées, une rose, une bleue et une verte. C'est même de là que part le nouveau déclencheur de l'action :

> *in quei diciott'anni vissuti nel bosco assieme alle Tre Fate Madrine, convinta di essere una contadinella, aveva imparato a usare le mani, a trafficare tutto il giorno : e stare seduto su un trono vicino al suo sposo era impensabile, straziante, noiosissimo*[23].
>
> « durant ces dix-huit ans passés dans le bois avec ses Trois Marraines-Fées, convaincue d'être une petite paysanne, elle avait appris à se servir de ses mains, à bricoler toute la journée, et rester assise sur un trône à côté de son mari lui était impensable, atroce, terriblement ennuyeux. »

La Belle au Bois dormant, donc, veut travailler, mais elle doit d'abord faire face à l'incompréhension de son entourage, parents, mari et fées. Leurs objections énoncent un panel de clichés sexistes particulièrement marqués, le prince par exemple regrette de ne pas avoir une de ces bonnes princesses qui « parlent peu et pensent seulement à leurs vêtements, à leurs cheveux, à leurs chaussures[24] » quand les fées lui rappellent qu'il est « impossible de conserver une manucure bien faite, en gardant toujours les mains dans la pâte ou dans l'eau[25] ». La princesse, pourtant, tient bon et le discours axiologique qui sous-tend le conte lui donne raison. L'ensemble, en effet, relève d'un véritable éloge du travail. Le prince et son mépris du travail sont mis à distance par un jeu typographique et une indication didascalique : « c'était presque un gros mot, ce *travailler*, et il le prononçait en plissant les lèvres avec un certain dégoût[26] ». Les fées, qui ne travaillent plus, sont accusées d'être devenues « faignantes et molles comme… comme… comme des princesses[27] » et se justifient par une retraite méritée après ces dix-huit ans de travaux en tant que paysannes. En insistant pour travailler, cette nouvelle Belle au Bois dormant se dresse contre le modèle passif et l'on voit se dessiner un

---

23 *Id.*, p. 60. Je traduis.

24 « parlano poco e pensano solo ai vestiti, ai cappelli, alle scarpine », *Id.*, p. 68.

25 « *impossibile mantenere una manicure be fatta, se tieni sempre le mani in pasta o nell'acqua* », *Id.* p. 64.

26 « *era quasi una parolaccia, quel* lavorare, *e lui la pronunciò arricciando le labbra con un certo disgusto* », *Id.* p. 61.

27 « *pigre e molle come… come… come principesse* », *Id.*, p. 64.

nouveau modèle de jeune fille, active et volontaire, décidée à prendre en main son propre destin.

La difficulté, pourtant, est de se voir confier un travail. Les gens ont peur du pouvoir qu'elle incarne, ou plutôt, du pouvoir qu'incarne son mari. Devant l'impasse, les fées lui donnent un conseil plein de sagesse :

> *Quello che vuoi fare tu è assurdo. È come se noi tre decidessimo di darci alla magia nera. No no, ciascuno deve fare quello per cui è nato, quello che sa fare. [...] Tutti noi abbiamo un talento, più o meno da scoprire e valorizzare. E tu hai il talento del sonno*[28].

> « Ce que tu veux faire est absurde. C'est comme si nous trois décidions de nous consacrer à la magie noire. Non non, chacun doit faire ce pour quoi il est né, ce qu'il sait faire [...] Nous avons tous un talent, plus ou moins caché, à valoriser. Et toi, tu as le talent du sommeil. »

Et voici donc la Belle au Bois dormant qui ouvre une clinique du sommeil. Le renversement est intéressant, et propose un déplacement tout à fait pertinent du château enchanté dans l'espace moderne. La jeune fille s'installe dans l'une des tours du château et réorganise ses quatre pièces rondes en chambres pour enfants aux couleurs douces et apaisantes pour aider les enfants à s'endormir. L'autrice fournit toutes sortes de détails sur l'organisation de cette clinique : nourriture saine, horaires fixes, histoire du soir, câlin... joints à une série d'interdictions : menaces, jeux excitants, miel sur la tétine qui gâte les dents... Au fur et à mesure que l'autrice présente ce projet de clinique idéal, le lecteur semble entrer dans un manuel d'éducation, et la jeune princesse entreprenante se trouve finalement ramenée à son rôle de mère. La fin, d'ailleurs, la renvoie effectivement à son statut de génitrice puisque c'est avec la naissance de son fils que s'arrête l'histoire. Ainsi l'on passe du refus d'un modèle féminin passif à l'élaboration d'un autre modèle féminin, plus actif mais guère plus libre pour autant, et le livre d'une certaine façon rappelle à la jeune lectrice qu'elle « doit faire ce pour quoi [elle] est né[e] » : être mère. La fin ressemble finalement à celle de Dumas et Moissard où la jeune fille s'assagissait en découvrant l'amour, et où le prince et elle « furent très heureux et ils eurent beaucoup d'enfants, tous fort calmes et silencieux[29] ». Les jeunes filles se rebellent, mais se calment devenues femmes.

---

28 *Ibid.*, p. 64. Je traduis.

29 Philippe Dumas, Boris Moissard, *Contes à l'envers*, *op. cit.*, p. 52.

Ce n'est pas le cas dans la série de *comics* pour adultes *Fables*[30] scénarisée par Bill Willingham. Série à succès, démarrée en 2003, *Fables* suit le quotidien d'une communauté d'êtres imaginaires qui se sont réfugiés dans notre monde suite à l'invasion du leur par un mystérieux Adversaire, et vivent incognito au cœur de New York. Bill Willingham y mêle tous les grands classiques de la littérature merveilleuse : les contes européens ou orientaux, et des œuvres plus modernes comme *Pinocchio* ou *Le livre de la jungle* par exemple. La Belle au Bois Dormant s'y nomme Rose Briar dans l'héritage des frères Grimm. Elle a épousé le Prince Charmant, puis divorcé. Grâce à l'un des dons reçus à son baptême lui garantissant la richesse, elle a rapidement fait fortune à la Bourse et habite un luxueux appartement. Sa malédiction reste cependant présente, et il suffit qu'elle se pique légèrement le doigt pour qu'elle s'endorme d'un sommeil profond ainsi que tout son entourage. Il faut, pour la réveiller, un baiser d'amour vrai. Cette condition donne lieu à des déconvenues dramatico-comiques, lorsque par exemple le baiser du Prince Charmant ne fonctionne pas (il ne l'aime plus depuis longtemps), mais qu'en revanche un coup de langue d'un chien nommé « Prince » la réveille, parce que l'amour canin ne ment pas. Le scénariste s'amuse ainsi de ce concept un peu désuet et fort relatif d'amour vrai, mais ce n'est pas là sa plus grande originalité. Rose Briar, donc, reste maudite et doit constamment porter des gants pour se protéger et ne pas mettre en danger ceux qui l'entourent. Mais la malédiction se retourne en don quand Bigby, l'ancien grand méchant loup devenu le shérif de la communauté, a l'idée d'utiliser ce pouvoir comme une arme.

Toute la série repose sur une double menace. Celle des Communs, les hommes normaux, qui doivent rester dans l'ignorance, et celle de l'Adversaire qui risque à tout moment d'envahir ce monde. Dans le troisième volume[31], un journaliste a découvert d'anciennes photos et s'est rendu compte que les habitants de l'immeuble ne vieillissaient pas. Il les soupçonne d'être des vampires et essaye d'accumuler des preuves. Pour les récupérer, Bigby met au point un stratagème : Rose Briar doit se rendre dans l'immeuble du journaliste et se piquer le doigt. Une

30 Bill Willingham, *Fables, op. cit.*

31 Bill Willingham, « A Two-Part Caper », *Fables*, volume 3, épisodes 12 et 13, New York, DC Comics, « Vertigo », 2003.

fois les habitants endormis, Bigby et ses compagnons iront fouiller le bureau du journaliste pour récupérer les documents compromettants. L'on obtient ainsi une version moderne du palais endormi. Comme dans l'illustration de Doré, le dessin met l'accent sur le quotidien : le repas, le verre à terre, les animaux endormis… Ces scènes de vie ordinaire tranchent avec l'opération commando orchestrée par Bigby et son équipe, tous habillés de noir. La suite sera encore plus sombre : pour être sûrs que le journaliste ne conserve pas de doubles, ils le kidnappent et prennent à son insu une série de clichés compromettants avec le jeune Pinocchio. S'il dévoile leur existence, sa réputation est fichue. Par la suite, Barbe-Bleue l'exécutera. C'est un monde dur dans lequel évolue à présent la belle endormie, un monde plein de dangers et de faux semblants, et un monde auquel elle participe activement. Son pouvoir est à nouveau exploité par le scénariste lors de la bataille finale du onzième volume[32], celle tant attendue contre l'Adversaire. Rose Briar doit cette fois endormir la capitale de l'Empire, privant ainsi l'armée ennemie d'une partie de ses combattants, et surtout de leur charismatique cheffe : la Reine des Neiges. Femmes de pouvoir et pouvoirs des femmes, l'univers que propose Bill Willingham est sur ce point équilibré, mais s'inscrit dans une économie du danger, de la survie, un monde en perpétuel état de crise.

L'héritage de la Belle endormie ne va pas de soi, et il est décidément difficile d'être une princesse aujourd'hui. Chacune des réécritures essaye de défendre un nouveau modèle de femme active en opposition à la figure de la Belle Endormie. Les armes sont variées : Dumas et Moissard misent sur le ludique en privilégiant le jeu de mots et l'humour, Beatrice Masini est davantage didactique, quand Bill Willingham y articule un discours politique. L'exercice est périlleux et le résultat ne peut être jugé qu'à l'aune de nos propres valeurs. C'est un véritable bras de fer que se livrent au XXe siècle les stéréotypes narratifs et les revendications féministes, et cette lutte de pouvoir là, entre traditionalisme et progressisme, trouve un écho tout particulier dans les contes aujourd'hui. Le principe de la réécriture permet de mettre en abyme le questionnement, d'en interroger les répercussions idéologiques et narratives. Il faudrait aussi y articuler une lecture des figures masculines qui s'associent à ces nouvelles héroïnes.

32 Bill Willingham, « War and Pieces », *Fables*, volume 11, épisodes 71, 72 et 73, New York, DC Comics, « Vertigo », 2008.

Il reste des princes caricaturaux, comme celui de Beatrice Masini ou celui de Bill Willigham faisant office de contre-modèle, mais on voit également se développer des personnages plus nuancés comme le jeune Don Quichotte maladroit mais attachant que proposent Dumas et Moissard, ou encore la figure de Bigby chez Bill Willigham qui remplace auprès de Blanche-Neige le prince défaillant tout en assumant la part d'ombre liée à son passé de Grand Méchant Loup.

LE PETIT CHAPERON ROUGE

De la nature du loup

Le Petit Chaperon Rouge occupe une place particulière dans l'imaginaire contemporain. C'est, et de loin, le conte le plus connu, le plus commenté, le plus détourné. C'est aussi l'un des plus mal connus. La version qui reste dans l'imaginaire français est en réalité l'hybridation de deux textes célèbres. Celui de Perrault, d'une part, qui suit directement le conte de la *Belle au Bois Dormant*, et qu'il adresse à Mademoiselle, lectrice idéale mise en abyme dans la vignette liminaire « Je suis belle et suis née / Pour être couronnée ». Perrault ne s'adresse pas à des fillettes, mais bien à la nièce du roi, alors au cœur de violentes négociations matrimoniales, et avec elle aux demoiselles de la cour en âge d'être mariées. *Le Petit Chaperon Rouge* s'adresse à ces jeunes filles pour les mettre en garde contre les séducteurs qui risquent de leur faire perdre ce qui fait leur prix sur le grand marché des filles à marier. Un conte d'avertissement, donc, qui se veut néanmoins bienséant. Ute Heidmann[1] a montré comment Perrault y répond à l'un des contes libertins de La Fontaine, interdit l'année même de sa parution, en 1685. *La Clochette*[2] relate l'histoire d'une petite gardienne de vache de treize ans qui éconduit un « jeune Bachelier » trop entreprenant. Il l'attire par ruse le soir dans le bois et la viole. Voici la morale :

> Belle, dit-il, toute chose est permise
> Pour se tirer de l'amoureux tourment.
> A ce discours, la fille toute en transe
> Remplit de cris ces lieux peu fréquentez
> Nul n'accourut. O belles ! évitez
> Le fond des bois et leur vaste silence[3].

1 *Textualité et intertextualité des contes*, *op. cit.*, p. 94.

2 *Ouvrages de prose et de poësie des Srs de Maucroix et de La Fontaine*, Barbin, 1685.

3 vers 64-69, cités par Ute Heidmann, *op. cit.*, p. 97.

Par un étrange jeu de miroir, La Fontaine commence par s'excuser dans un long prologue de son impossibilité à renoncer à ce genre de conte pourtant condamné par la morale et, de fait, censuré... Mais il sait que le genre plait bien sûr, et le malin auteur utilise un argument que nous retrouverons quelques années plus tard chez Perrault :

> Et, supposé que quant à la matière
> J'eusse failly, du moins pourrois-je pas
> Le réparer, par la forme, en tout cas[4] ?

Perrault reprend l'arme de son adversaire et construit le genre moderne précisément contre ce genre de dérive. Lorsqu'il reprend l'opposition matière/manière, c'est en refusant tout recours à la grivoiserie ou aux facilités libertines. Si la morale qu'il propose invite elle aussi à une lecture sexuelle de l'apologue, le ton en est tout autre :

> ON voit icy que de jeunes enfans,
> Sur tout de jeunes filles,
> Belles, bien faites & gentilles,
> Font tres-mal d'écouter toute sorte de gens,
> Et que ce n'est pas chose étrange
> S'il en est tant que le loup mange.
> Je dis le loup, car tous les loups
> Ne sont pas de la mesme sorte :
> Il en est d'une humeur accorte,
> Sans bruit, sans fiel & sans courroux,
> Qui, privez, complaisans & doux,
> Suivent les jeunes Demoiselles
> Jusque dans les maisons, jusque dans les ruelles.
> Mais, hélas ! qui ne sçait que ces loups doucereux
> De tous les loups sont les plus dangereux[5] !

Le conte met en garde les jeunes filles à marier, mais sans complaisance pour les débordements du jeune mâle, devenu sous sa plume une bête. Ici aussi, il prend le parti des femmes. Quand les frères Grimm reprennent le conte, ils en transforment encore l'enjeu en l'adressant à un autre public. Les *Contes de l'enfance et du foyer* portent bien leur nom, ce sont des histoires qui s'adressent aux enfants : les auteurs ajoutent les recommandations

---

4 vers 13-15, cités par Ute Heidmann, *op. cit.*, p. 95.

5 Charles Perrault, *op. cit.*, p. 56.

de la mère de ne pas s'écarter du chemin, ils font intervenir un bûcheron sauveur et proposent une morale conforme aux nouveaux idéaux d'éducation alors en faveur dans la bourgeoisie :

> Tous trois furent bien contents ; le chasseur prit la peau du loup et l'emporta ; la mère-grand mangea le gâteau et but le vin que le petit Chaperon avait apportés, et elle retrouva ses forces ; mais le petit Chaperon rouge se dit : « De ta vie tu ne t'écarteras plus de ta route pour courir dans le bois, quand ta mère te l'aura défendu[6]. »

Le conte d'avertissement s'adresse à présent bel et bien à des enfants, et il se clôt naturellement sur le rappel de la mise en garde maternelle. C'est avec ce sens que le conte va circuler au XIXe siècle. La célèbre édition de Hetzel, en 1862, illustrée par Gustave Doré, bouscule l'ordre des contes pour faire passer *Le Petit Chaperon rouge* devant *La Belle au Bois dormant.* Ce passage en pole position transforme la dynamique du recueil : on entre dans le recueil des contes avec la fillette, on y entre par un bois, et on sortira avec celui de Poucet, le dernier conte. La forêt devient l'espace-cadre du conte. Au XXe siècle, quand folkloristes et psychanalyste envahissent les lieux, le bois devient le lieu de toutes les initiations[7]. Mais le sous-texte sexuel, parfois très cru, qu'ils redécouvrent alors aurait sans doute horrifié Perrault, lui qui met tant de délicatesse dans ses impertinences. Il n'empêche, le conte aujourd'hui hérite de ces variations et du feuilleté de leurs interprétations. L'éventail des réécritures est large, mais deux branches se dégagent pourtant, et nouent un intéressant paradoxe : soit le loup est humanisé, mais il conserve alors sa dangerosité, soit il est animal, mais devient inoffensif, et gagne en humanité.

La version à la fois la plus actuelle et la plus proche du conte de Perrault est sans doute le *Petit Chaperon rouge*[8] que publie Sarah Moon en 1983. La photographe suisse reprend le texte source original et alterne

6 Charles Deulin, *Les contes de ma mère l'Oye, avant Perrault*, Paris, E. Dentu, 1878, p. 170-171.

7 « Le rite d'initiation a en effet toujours lieu dans une forêt. Cela est un trait constant, obligatoire, du rite d'initiation, dans le monde entier. Là où la forêt n'existe pas, les broussailles en tiennent lieu » Vladimir Propp, *Istoričeskie korni volšebnoj skazki*, Leningrad, Éditions de l'Université Gouvernementale de l'Ordre de Lénine, 1946. Trad Lise Gruel-Apert, *Les Racines historiques du conte merveilleux*, Paris, NRF, Gallimard, 1983 p. 69.

8 Sarah Moon, *Le Petit Chaperon Rouge*, Paris, Éditions Grasset, collection « Il était une fois », 1983.

par doubles pages des photos d'une esthétique surprenante. Le noir et blanc, les nuances de gris, l'éclairage millimétré, la diversité des angles de vue, rappellent le cinéma expressionniste allemand des années 20 et son climat anxiogène. Le décor industriel, désert et désarticulé, ressemble à un labyrinthe sombre où s'engouffre la fillette. L'album est parsemé de troublants détails : la voiture du loup est immatriculée en Seine-Saint-Denis et des rails traversent parfois le paysage : ne serions-nous pas dans la tristement célèbre Drancy ? La petite valise en carton que porte la fillette, mais aussi la voiture, une Peugeot 402, modèle en production entre 1935 et 1942, renforcent cette funeste impression. La séance de déshabillage prend alors un nouveau sens, et le tranquille pavillon ouvre finalement sur un sas de fer et de béton : un bunker gris dont les murs dessinent en ombre le destin de la petite fille. Pas de morale ici, mais une photo de draps froissés qui reprend en se passant des mots la mise en garde de Perrault. Le risque du « loup doucereux » est devenu celui du pédophile, l'une des grandes préoccupations de l'Occident moderne, avec en arrière-plan historique l'ombre de l'ogre nazi.

Notons par ailleurs que la dévoration est facilitée par le positionnement géographique de la maison de grand-mère, un espace à la fois intégré et en marge. Chez Perrault, la petite fille la signale au loup comme « la premiere maison du Village[9] ». Avec Sarah Moon elle devient une maison de banlieue. Roberto Innocenti propose un transfert particulièrement intéressant dans l'album *La Petite fille en rouge*, co-écrit avec Aaron Frisch[10]. De son trait hyperréaliste, Innocenti multiplie les vues de la banlieue sur fond de béton, de tôle et de barbelés, avant d'arriver, au bout du chemin, devant la maison de la grand-mère : une caravane un peu rouillée, rafistolée, posée sur quelques briques. Un arbre de Noël, un géranium et une mangeoire à oiseaux égayent l'ensemble et laissent sur la bicoque des traces de bonheur. Pourtant, par sa simplicité même et son dénuement, le *mobil-home* entre en opposition avec l'inquiétante exubérance du centre commercial et de la rue saturée d'images. À la fois précaire et coquet, on retrouve en lui l'image de la hutte bachelardienne avec ses « réserves d'intimité[11] ». Mais c'est une hutte poreuse : la

9 Charles Perrault, *op. cit.*, p. 50.

10 Aaron Frisch, ill. Roberto Innocenti, *The Girl in Red*, Creative Editions, Mankato, 2012, coédité en Italie dans une traduction de Luigi Dal Cin, *Cappuccetto Rosso, una fiaba moderna*, Milan, la Margherita edizioni, 2012.

11 Gaston Bachelard, *La Poétique de l'espace*, Paris, PUF, 2010 [1957], p. 53.

faible clôture de barbelés s'ouvre devant le loup aussi facilement qu'une bobinette qui choit, et les trésors de l'intimité deviennent le piège de l'isolement. Roberto Innocenti s'amuse de l'ambivalence du lieu, qui subit les caprices du conteur comme les aléas de la météo, métaphore qu'il file tout au long du livre. Innocenti et Frisch ne choisissent pas la fin de Perrault ou celle des Grimm, mais soulignent leur complémentarité. L'auteur laisse dans un premier temps sous-entendre une fin tragique, avant d'opter pour un grand final hollywoodien. Au réalisme un peu sordide de la bicoque en tôle, se mêle alors la rhétorique flamboyante de l'épopée américaine : un shérif à cigare et des cowboys du FBI malicieusement rebaptisés FDI sauvent la fillette et la grand-mère, tandis qu'un agent hilare tend une carte rose inscrite « Happy end ». Le mélange des genres s'inscrit ici sous le signe du kitsch et maintient une distance vis-à-vis de cette vision optimiste. Sarah Moon et Roberto Innocenti proposent ainsi deux visions grinçantes tout à fait à part dans une littérature pour jeune public qui préfère d'ordinaire jouer avec le conte de manière plus légère.

En effet, dans l'immense majorité des réécritures modernes, *Le Petit Chaperon Rouge* perd son statut d'ouvrage d'avertissement pour prendre celui de divertissement et la parodie remplace la tension dramatique par celle du jeu littéraire et du rire. L'épisode de la dévoration est le plus souvent évité grâce au caractère bien trempé des petites filles modernes qui réussissent à se débarrasser du loup avant d'arriver chez leur grand-mère. En 1983, déjà, Jack Zipes notait que :

> pour la plus grande part, les versions du *Petit Chaperon Rouge* postérieures à 1945 transfigurent et critiquent la transgression traditionnelle perpétrée contre la petite fille, présentée comme impuissante et naïve et comme une tendre chose, et contre le loup symbole du prédateur malfaisant et du mâle violeur, causeur de troubles[12]

Les réécritures de Bruno Munari en sont parfaitement exemplaires. Son recueil de 1981 *Le petit Chaperon Rouge, Vert, Jaune, Bleu et Blanc*[13] s'ouvre sur une traduction des frères Grimm, non illustrée, puis suivent

12 Jack Zipes, *Les Contes de fées et l'art de la subversion*, *op. cit.*, p. 298.

13 Bruno Munari, Enrica Agostinelli, *Cappuccetto Rosso Verde Giallo Blu e Bianco*, Turin, Giulio Einaudi, 1981 ; *Cappuccetto Verde* et *Cappuccetto Giallo* avaient fait l'objet d'une première édition autonome en 1972 chez le même éditeur, *Cappuccetto Bianco* sera publié seul en 1999 chez Corraini.

quatre réécritures recolorées où se déroule une histoire ton sur ton : le Petit Chaperon vert habite à la campagne, le bleu à la mer, le jaune dans le brouillard de la ville, et le blanc sort un jour de neige. Chaque fois, l'histoire est transformée de la même manière : l'enfant se débrouille seule ou avec ses amis animaux, mais en tout cas sans l'intervention d'un tiers masculin. Chaque version se recompose autour de sa couleur. Dans la version urbaine, la petite fille, capuchonnée de jaune, porte à sa grand-mère de l'huile et des citrons et se fait aider en chemin par ses amis canaris. La couleur est ainsi fortement (et paradoxalement !) rattachée aux éléments du conte tandis que les collages gris instaurent un décor urbain mi-italien mi-américain, tout quadrillé de vieilles pierres et de béton moderne. Le rôle de la grand-mère y est particulièrement intéressant : non seulement la grand-mère moderne n'est plus alitée, mais elle endosse le rôle de la conteuse, celle qui rapporte à sa petite-fille les histoires qu'on lui a racontées quand elle était elle-même enfant. Mais le frisson du *Petit Chaperon Rouge* est aujourd'hui purement esthétique, l'avertissement n'est plus utile : l'enfant moderne, par son aplomb, a déjà dépassé l'épreuve de la rencontre. Avec cette nouvelle dynamique narrative, la maison de grand-mère passe du statut de lieu de punition à celui de la récompense où la petite guerrière trouve un repos bien mérité. La maison de grand-mère est un ailleurs, mais un ailleurs en paix, comme le souligne Mathilde Boissonnet dans son analyse des liens intergénérationnels dans les réécritures modernes :

> Les grands-parents représentent pour l'enfant un autre monde, symbolisé par la forêt ou la ville qu'il faut traverser, un monde différent de celui de leurs parents, un monde d'évasion où le Chaperon s'amuse et entend des histoires[14].

Le Petit Chaperon rouge débrouillard est une version qui circule bien avant le XIXe siècle, et se nourrit des personnages très entreprenants qui naissent avec le genre, telle Finette l'adroite princesse, de L'Héritier[15], repris par d'Aulnoy pour sa *Finette Cendron*[16]. La redécouverte de ces petites insoumises s'opère néanmoins en Angleterre en 1955, quand

---

14 Mathilde Brissonet, “Va voir Mamie, Maman travaille !”, *D'un conte à l'autre, d'une génération à l'autre*, Catherine d'Humières (dir.), Clermont-Ferrand, Presses Universitaires Blaise Pascal, 2008, p. 126.

15 Marie-Jeanne L'Héritier De Villandon, « L'Adroite Princesse ou les aventures de Finette », *Œuvres mêlées, op. cit.*

16 Marie-Catherine d'Aulnoy, *Les Contes des Fées*, Paris, Barbin, 4 vol., 1698.

Catherine Storr publie *Clever Polly and the Stupid Wolf*[17] qui va instaurer le nouveau cliché du loup benêt martyrisé par la petite fille maline. *Le Petit Chaperon bleu marine* de Dumas et Moissard[18], ou *Mademoiselle sauve qui peut* de Philippe Corentin[19]font partie des nombreux exemples. Dans ce nouveau duo de la petite peste et du grand gentil loup, la grand-mère porte parfois secours à l'animal, voire l'adopte comme dans *Chapeau Rond Rouge* de Geoffroy de Pennart[20] où l'animal termine l'histoire au coin de la cheminée de grand-mère. Ces réécritures glissent subtilement de l'univers du conte et de ses codes vers un décor contemporain avec la reconstitution d'une scène de genre familière : celle de l'aïeule et de son animal de compagnie. On voit ainsi comment le XXe siècle apprivoise la peur du loup. L'appartement de la grand-mère devient l'espace d'une possible domestication du loup, mais aussi de l'enfant, devenu plus sauvage que la bête.

Parfois aussi, la nature de l'enfant peut être un trésor à protéger. C'est le cas dans *Le Petit Chaperon rouge à Manhattan*, le roman de Carmen Martín Gaite[21], où la petite héroïne particulièrement sensible et imaginative est menacée par la médiocrité de ses parents. L'appartement de la grand-mère, avec son piano, son chat, et les vieilles photos pleines de mystères, apparaît comme un refuge où la petite se ressource une fois par semaine. L'auteur oppose dès le premier chapitre le Brooklyn où l'enfant vit sous « un nuage dense de ciment et de vulgarité[22] » et les lumières de Manhattan qui l'attirent. La grand-mère, une ancienne star du music-hall, a son appartement à Morningside.

> *Sus primeras fantasías infantiles se habían tejido en torno a aquel nombre – Morningside –, que le parecía maravilloso por el sonido que tenía al decirlo, como de aleteo de pájaros, y también, claro, porque significaba « al lado de la mañana*[23] ».
>
> « Ses premiers fantasmes d'enfant, elle les avait tissés autour de ce nom – Morningside – qui lui paraissait merveilleux rien qu'en le prononçant, léger comme un vol d'oiseau, et aussi parce qu'il signifiait "à côté du matin[24]". »

17 Catherine Storr, *Clever Polly and the Stupid Wolf*, Londres, Faber and Faber, 1955.

18 Philippe Dumas, Boris Moissard, *Contes à l'envers*, Paris, L'école des Loisirs, 1980, p. 15-26.

19 Philippe Corentin, *Mademoiselle sauve qui peut*, Paris, L'école des Loisirs, 1996.

20 Geoffroy De Pennart, *Chapeau Rond Rouge*, Paris, Kaléidoscope, 2004.

21 Carmen Martín Gaite, *Caperucita en Manhattan*, Madrid, Siruela, 1990.

22 « una nube densa de cemento y vulgaridad », Carmen Martín Gaite, *op. cit.*, 37., traduction de Mireille Duprat-Debenne, *Le Petit Chaperon rouge à Manhattan*, Paris, Flammarion Jeunesse, 1998, p. 11.

23 Carmen Martín Gaite, *op. cit.*, p. 50.

24 Traduction de Mireille Duprat-Debenne, *Le Petit Chaperon rouge à Manhattan, op. cit.*, p. 27.

Promesse de lendemain, île du jour d'avant ou quartier du soleil levant, la grand-mère vit dans l'un de ces lieux magiques qui opèrent la fusion de l'espace et du temps. Un lieu qui ressemble, justement, à ceux des contes :

> *el barrio de Morningside le parecía entonces mucho más distante e irreal, la catedra de San Juan el Divino un castillo encantado, y aquella casa de Manhattan desde cuyas ventanas se divisaba un parque alargado y solitario, una casa de novela*[25].
>
> « le quartier de Morningside paraissait à Sara très lointain et irréel, la cathédrale de Saint-Jean-le-Divin un château enchanté et la maison de Manhattan aux nombreuses fenêtres un parc immense et solitaire, une maison de roman[26]. »

En la faisant vivre dans le hors-temps de la légende, Sarah fait de sa grand-mère une sorte de princesse éternelle, image qui vient croiser et renforcer le personnage moderne du *senior* dynamique. Ce mélange du réel et du fantastique, s'il est lié au regard enfantin de Sarah sur son monde, le déborde aussi largement et c'est tout le roman qui se plait à brouiller les frontières. Notamment, il met en scène les légendes urbaines avec le « Vampire du Bronx » souvenir d'un ancien tueur en série censé hanter le parc de Morningside et preuve que les adultes aussi s'inventent des histoires. Mais là où l'imagination adulte est avant tout un frein à l'action, une peur (que la mère de Sarah éprouve de manière caricaturale), la grand-mère, elle, rompt le schéma en osant se promener régulièrement dans le parc. La grand-mère moderne fusionne la liberté d'action de l'adulte avec la liberté de pensée de l'enfant et offre à la nouvelle génération une possibilité de grandir sans se renier. La maison de grand-mère, non seulement n'est plus le lieu de mort, mais elle est au contraire devenue l'espace où l'enfant peut exister sans se désavouer.

Le loup, au fond, n'est plus le danger. Des « loups doucereux » contre lesquels Perrault mettait en garde son lectorat, il ne reste guère plus que la douceur, sans griffes ni canines. Le glissement s'inscrit dans un écosystème plus large : le frisson inspiré par le loup était celui des forêts profondes et de leurs mystères, dans une société urbaine et industrielle, il est devenu un jeu littéraire et ne hante plus guère que les bibliothèques… Pourtant son ombre reste omniprésente et

---

25 Carmen Martín Gaite, *op. cit.*, p. 50.

26 Traduction de Mireille Duprat-Debenne, *op. cit.*, p. 27.

des auteurs contemporains tentent de réintroduire la bête sauvage sur les trottoirs. C'est le cas en 1975 de José Luis García Sánchez qui questionne avec *Le dernier loup et le petit chaperon rouge*[27] la place des loups dans le processus d'urbanisation. Cinq ans plus tard, Boris Moissard et Philippe Dumas dans leur *Petit Chaperon bleu marine*[28] répondent par l'image paradoxale de l'animal sauvage en cage. Enfin, dans un ouvrage récent, Stéphane Servant libère le loup et réintroduit la sauvagerie en ville avec un récit intitulé *Le loup sous le lit, ou quand une petite fille sait ce que les adultes ne savent plus*[29]. Chacune de ces réécritures condamne à sa manière la toute-puissance de la société moderne, coupée de la nature.

Ces trois œuvres prennent un soin particulier à inscrire leur récit dans un univers de référence doublement vraisemblable : celui de l'espace réaliste de la ville d'une part, et celui de la réalité naturaliste de l'animal d'autre part. L'espace urbain dont il est question est bien celui de la modernité et les auteurs multiplient les clins d'œil : supermarché pour Sánchez, réseau de bus pour Moissard et Dumas, et énumération pour Servant avec « les balançoires et les statues dans le parc, les pains au chocolat et les bonbons[30] ». Parallèlement, le personnage de la petite fille s'offre comme une représentante ordinaire de la faune urbaine, et ses attributs sonnent de manière familière aux oreilles du jeune lecteur. Elle est pour Sánchez « une petite fille normale, comme toutes les petites filles[31] » qui en a assez des bonnets que sa mère tricote et qui rêve d'un anorak[32], quand celle de Dumas et Moissard s'appelle « Le Petit Chaperon Bleu marine » à cause « d'un *duffle-coat* de cette couleur acheté en solde aux Galeries Lafayette[33] ». Ce réalisme du personnage de la fillette s'accompagne de celui, plus problématique, du loup. Stéphane Servant fait déclarer à sa narratrice dès l'incipit :

27 José Luis García Sánchez, Miguel Ángel Fernadez-Pacheco, *El último lobo y Caperucita*, Barcelona, Editorial Labor, 1975.

28 Philippe Dumas, Boris Moissard, « Le Petit Chaperon Bleu Marine », *Contes à l'envers*, Paris, L'école des loisirs, 1980. Soit quatre ans avant le succès de Pennac : Daniel Pennac, *L'œil du loup*, Paris, Nathan, 1984.

29 Stéphane Servant, Benoît Morel, « Le loup sous le lit, ou quand une petite fille sait ce que les adultes ne savent plus », *Trimestre*, n° 5, Paris, Oskar éditeur, 2012.

30 Stéphane Servant, *op. cit.*, p. 27.

31 "*una niña regular, come todas las niñas*", José Luis García Sánchez, *op. cit.*, p. 1.

32 José Luis García Sánchez, *op. cit.*, p. 5.

33 Philippe Dumas, Boris Moissard, *op. cit.*, p. 16.

J'ai rencontré le loup dans la rue derrière l'école.
C'était le premier loup que je rencontrais. Je veux dire : pas un loup de dessin animé ou de conte de fées.
Non, c'était un loup pour de vrai : dents jaunes, grands yeux, oreilles pointues et queue touffue[34].

S'affiche ainsi le souci de redéfinir le loup dans sa réalité animale en rompant avec ses représentations fictionnelles. Même démarche pour Dumas et Moissard qui nous font suivre la petite fille dans les rues de Paris jusqu'à la ménagerie où loge le loup. Sánchez accompagne sa fiction d'un dossier documentaire intitulé « Le loup dans les contes et dans la réalité[35] » avec des photos et des citations de Rodrìguez de la Fuente, naturaliste et pionnier de la défense de l'environnement, qui jouissait en Espagne de la célébrité d'un Cousteau en France. Chaque fois, on le voit, le souci est bien de revenir à une figure plus réaliste du loup.

Pas de retour aux crocs pour autant… les nouvelles représentations tendent au contraire à contrer sa réputation de cruauté : le loup de Servant a certes des dents jaunes, mais il pleure, perdu dans la ville. Celui de Dumas et Moissard, guère plus effrayant, est « en train de se reposer devant sa niche en attendant sa collation de cinq heures[36] ». Enfin, sur les trois photos qui illustrent le dossier de Sánchez, deux montrent les loups en compagnie d'humains avec pour légende « Le loup peut être domestiqué et devenir un bon ami des enfants[37] », suivi d'un véritable éloge de l'animal : « protecteur inconditionnel des faibles […] capable de mourir par fidélité », victime d'une « persécution implacable[38] ». Le documentaire est de fait un plaidoyer. Le propos suit la tendance actuelle que souligne l'historien Jean-Marc Moriceau :

> Depuis que le prédateur est passé du statut d'animal nuisible à celui d'animal protégé, un tri s'est opéré dans son identité. La prise de conscience des avantages de la biodiversité a contribué à relativiser l'image négative du passé, jusqu'à le remettre en cause. Emblème de la place du « sauvage » dans notre

34 Stéphane Servant, *op. cit.*, p. 5.

35 « *El lobo en los cuentos y en su realidad* ».

36 Philippe Dumas, Boris Moissard, *op. cit.*, p. 18.

37 « *El lobo puede ser domesticado y convertirse en un buen amigo de los niños* », José Luis García Sánchez, *op. cit.*, p. 31.

38 « *protector incondicional de los débiles* […] *capaz de morir por fidelidad* », et victime d'une « persecución implacable », José Luis García Sánchez, *op. cit.*, p. 32.

> environnement, *Canis lupus* n'incarne plus la férocité mais la qualité de notre richesse écologique[39].

Par ailleurs, les images proposées, malgré leurs revendications naturalistes, donnent à voir en réalité des animaux largement anthropomorphisés. Dans l'album de Sánchez c'est le dernier loup en personne qui raconte à la fillette sa version du conte : une relecture qui accuse l'homme d'avoir rompu l'équilibre de la nature et d'avoir par là forcé les loups à s'attaquer aux élevages. Le loup y est un fin analyste et un excellent avocat. Même ambiguïté chez Dumas et Moissard : certes, devant la cage ouverte, le loup ne résiste pas : il se sauve en Sibérie dans « la joie de la liberté[40] ». Mais c'est pour y vivre une vie bien peu sauvage :

> Il mène grand train de vie, laissant à d'autres le soin de chasser les moutons (il a totalement perdu la main) et s'adonnant pour sa part à des activités plus calmes telles que celle de chroniqueur mondain, où ses talents de conteur font merveille[41].

Dans les deux cas, le loup se présente comme ayant subi une évolution naturelle : dans sa proximité avec les hommes, il est lui-même devenu un être de paroles, capable de raconter sa propre histoire. Stéphane Servant ne fait techniquement pas parler son animal, mais l'enfant est capable de lire de manière extrêmement précise dans le regard de l'animal et ses mots sont rapportés, détachés de la narration par des guillemets. Ainsi, malgré la volonté affichée de rompre avec les représentations du personnage de fiction, les trois œuvres proposent des loups fort peu naturels. Il ne s'agit pourtant pas d'édulcoration : les conflits existent et ils sont violents, seulement les griffes et canines se sont muées en pelleteuses et fusils. Le mal a changé de camp et l'humanisation des loups est finalement une manière de dénoncer la bestialité des hommes.

L'album de Sánchez ne cache pas son arrière-plan idéologique. Son travail s'inscrit dans la ligne du mouvement éducatif qui renouvelle l'école espagnole dans les années 70 et se revendique d'une pédagogie active pour former de futurs citoyens responsables. L'ensemble de son œuvre participe d'une nouvelle conscience civique de l'enfant, et il est

---

39 Jean-Marc Moriceau, *Histoire du méchant loup : 3 000 attaques sur l'homme en France (XVe-XXe siècle)*, Paris, Fayard, 2007, p. 14.
40 Philippe Dumas, Boris Moissard, *op. cit.*, p. 24.
41 Stéphane Servant, *op. cit.*, p. 25.

notamment l'auteur d'une collection intitulée « Les droits des enfants[42] ». *Le Dernier Loup* est une dénonciation écologique où l'adulte, représenté par le chasseur, devient l'antagoniste : son pouvoir a déséquilibré l'ordre naturel. L'histoire elle-même, avec la fin tragique du dernier loup, entérine l'inhumanité du chasseur et interdit toute rédemption. L'écosystème est à jamais rompu. Servant place également la communauté des hommes devant ses contradictions : la petite fille pleure un oiseau que le loup a tué, lequel ne comprend pas, ensuite, la cruauté des hommes qui emprisonnent les oiseaux pour leur seul plaisir. Cette contradiction précipite l'action : de nuit le loup (ou la petite fille, le doute est entretenu) ouvre les cages déclenchant l'anarchie car « personne ne supportait les oiseaux en liberté[43] ». Les hommes tuent les oiseaux et « puisque les fusils étaient encore chauds[44] », partent à la recherche du loup et finissent par brûler la forêt. De page en page, le lecteur suit l'escalade d'une violence qui ne se soutient que par sa seule force. L'homme adulte par son *hybris* constitue le véritable danger. Le conte retrouve sa fonction d'avertissement en passant par le détour du conte philosophique.

Les auteurs Dumas et Moissard semblent, eux, d'abord refuser le ton didactique. L'enfant est une authentique peste. Jalouse de la célébrité de sa grand-mère, elle veut revivre son histoire, quitte à ce que l'aïeule y passe « mais quoi ! se disait-elle chemin faisant : on ne fait pas d'omelettes sans casser d'œufs[45] ». L'expression arrive après un long portrait de la « gentille petite vieille dame » qu'est devenue l'authentique Chaperon rouge, et la modernité cynique rejoint ici la cruauté des versions orales[46] où l'ancêtre sacrifiée devient de la nourriture pour sa descendance. Mais l'histoire privilégie une tonalité humoristique. La leçon de morale que reçoit la petite protagoniste est doublement mise à distance : elle est déléguée à des personnages insignifiants et dédoublée pour en marquer la relativité.

> Le directeur du Jardin des Plantes et le sous-secrétaire d'État aux Vieilles Gens l'ont convoquée l'un après l'autre pour lui faire des remontrances, le

---

42 « *Los derechos del niño* », Madrid, Altea, 1978.

43 Stéphane Servant, *op. cit.*, p. 33.

44 *Id.*, p. 37.

45 Philippe Dumas, Boris Moissard, *op. cit.*, p. 21.

46 Voir par exemple la version nivernaise recueillie par le folkloriste Achille Millien : « Conte de la Mère-grand » dans Paul Delarue (éd.), *Le Conte populaire français*, Paris, Maisonneuve et Larose, 1957, p. 373-374.

> premier la grondant d'un loup perdu qui était une espèce rare, et le second, tout aussi sermonneur et furieux, disant et même criant qu'on ne peut pas faire ça à sa grand-mère, tout de même[47] !

La leçon est inefficace et la petite n'est finalement pas mécontente que les journaux parlent d'elle. Après tout, c'était là ce qu'elle voulait. Ainsi l'histoire se conclut sur une sorte de *happy-end* décomplexé : le loup est libéré, l'enfant émancipée, et la morale revendiquerait une sauvagerie bon enfant qui ne prêterait pas à conséquence. En réalité, une autre menace rôde, simplement suggérée dans une dernière phrase qui décale complètement et bouleverse le propos... Le conte en effet s'achève sur l'affirmation que « certains hommes sont plus dangereux que les loups » suivie d'une vignette représentant... Hitler ! L'avertissement revient au moment où l'on s'y attendait le moins, avec tout le poids de l'Histoire, et rejoint la proposition pourtant très différente de Sarah Moon : le Mal avec un grand M porte au XXe siècle une petite moustache.

Aucun des trois auteurs, finalement, ne fait le choix du *happy-end* privilégié depuis la version des frères Grimm et tous reviennent à la gravité de Perrault, en faisant de leurs contes modernes de véritables contes d'avertissement. La mise en miroir des deux figures antithétiques loup-humain *vs* homme-cruel, relève d'une lecture latente qui traverse le conte depuis son origine puisque les « loups doucereux » dont parle Perrault sont bien des humains, les galants prédateurs des jeunes filles à marier. Les réécritures contemporaines accentuent le phénomène : les « vrais » grands méchants loups sont systématiquement des hommes comme dans les propositions de Sarah Moon[48] ou de Roberto Innocenti[49], quand il ne s'agit pas de la fillette elle-même comme dans *Mina je t'aime*[50] de Patricia Joiret. Les loups qui restent des loups sont en revanche chaque fois martyrisés, des frères Grimm qui lui coupent le ventre et l'ébouillantent, jusqu'au manteau de fourrure qu'en fait Roald Dahl[51]. Le loup finalement, est moins une menace qu'un exutoire, un personnage sur lequel le héros peut légitimement décharger sa violence. Le

47 Philippe Dumas, Boris Moissard, *op. cit.*, p. 24.
48 Sarah Moon, *Le Petit Chaperon Rouge*, Paris, Éditions Grasset, 1986.
49 Roberto Innocenti, Aaron Frisch, Luigi Dal Cin (trad.), *Cappuccetto Rosso, una fiaba moderna*, La Margherita Edizioni, 2012.
50 Patricia Joiret, Xavier Bruyère, *Mina je t'aime*, Paris, L'École des loisirs, 1991.
51 Roald Dahl, Quentin Blake, *Revolting Rhymes*, Londres, Jonathan Cape, 1982.

problème, ici, est que la violence n'est plus légitimée : le renversement des empathies a brouillé les identités.

Les reconfigurations soulignent la transposition spatio-temporelle en amenant le jeune lecteur à prendre conscience du monde physique et historique qui l'a vu naître. Le déplacement problématise de fait les lieux. La nostalgie est avant tout celle d'un *locus amoenus*, un lieu et un temps où l'harmonie entre l'homme et la nature était encore possible. C'est le monde qu'évoque le loup de Sánchez, ou le fantasme sibérien de Dumas et Moissard. La forêt fait ainsi office de chronotope au sens que Bakhtine donne à cette notion : un espace-temps solidaire, celui de « l'autrefois » étroitement lié à un genre littéraire spécifique, ici le conte. Ces chronotopes ont un rôle de « centres organisateurs » où « le temps acquiert un caractère sensuellement concret ; dans le chronotope, les événements du roman prennent corps, se revêtent de chair, s'emplissent se sang[52] ». La description qu'en propose Servant est sur ce point éloquente, avec les cinq sens convoqués par la petite protagoniste-narratrice : « le loup m'apprenait les taches de soleil, la langue secrète des arbres, la saveur de la boue, les morsures du froid et la douceur du ventre des crapauds[53] ». Mais depuis le XVIIe siècle, un nouveau chronotope s'est imposé, celui de la ville, représentation de l'« aujourd'hui » qui a aussi ses trésors et qui se propose aussi comme une initiation. C'est de nouveau la petite protagoniste de Servant qui parle :

> Il m'avait montré les belles choses cachées dans la forêt, et je voulais lui montrer les belles choses de l'homme, cachée dans la ville.
>
> Et il les a aimées : les balançoires et les statues dans le parc, les pains au chocolat et les bonbons, les grandes lignes blanches des avions dans le ciel et les musiciens au coin des rues[54].

La quête nostalgique de l'autrefois s'est déplacée dans le temps éternellement renouvelé de l'enfance, et c'est cette mémoire que la narratrice, devenue adulte, entend confier à ses propres enfants. Chez Sánchez comme chez Servant, la figure de l'enfant est fortement valorisée. Il est encore un être hybride, mi-naturel, mi-civilisé, tendu entre le monde du loup et celui des humains. L'espace du conte, et spécialement celui du *Petit*

---

52 Mikhaïl Bakhtine, *Esthétique et théorie du roman* [1975], Paris, Gallimard, 1978, p. 391.

53 Stéphane Servant, *op. cit.*, p. 23.

54 *Id.*, p. 27.

Chaperon rouge qui est avec le *Petit Poucet* le conte de l'adolescence (et de la forêt !), offre l'espace idéal à ce moment de transition.

Mais la petite fille est amenée à grandir, et c'est là l'autre intérêt majeur de l'intertextualité, avec son mouvement dialectique de mise à distance et d'appropriation dont l'aïeule est le pivot. Christiane Connan-Pintado a montré comment le *Petit Chaperon rouge* s'organise autour d'un triangle générationnel : l'enfant, la mère et la grand-mère[55], sur le principe de la transmission. Dans l'œuvre de Sánchez, la grand-mère console l'enfant de la perte de son ami loup par la lecture de contes – ultime refuge des animaux disparus – dans celle de Dumas et Moissard, elle est la mémoire vivante de l'aventure, et dans celle de Servant, c'est la petite héroïne qui devient conteuse. Chacune incarne le conte, en tant que lectrice, en tant que protagoniste, ou en tant que narratrice. Le conte / l'aïeule / la mémoire fusionnent dans un jeu de mise en abyme qui permet de ré-historiciser le conte et de le replacer en tant que discours. Le jeu entre les deux versions offre un espace de liberté au lecteur, ils laissent l'espace au plaisir littéraire de la variation, et à celui intellectuel de l'indécision :

> Le conte offre l'exemple d'une polyphonie qui ne se réduit pas à la hiérarchie de l'ironie. [...] Le conte de fées laisse une sorte de chance aux deux positions du merveilleux et de la conscience critique : il n'épouse ni l'une (comme prétend le faire le romantisme) ni l'autre (comme le veut la parodie). [...] Le conte nous invite à une expérience littéraire qui est devenue inédite, paradoxalement difficile[56].

Le principe dynamique est ainsi double. Il y a d'une part l'enfant, celui qui vit l'aventure, celui qui par sa nature, par son caractère en devenir, par ses liens à la sauvagerie, se trouve être un interlocuteur privilégié du loup. Et d'autre part, à l'autre bout de la chaîne, le personnage qui porte la mémoire collective, la grand-mère. Les deux marges sont comme sauvées du processus de déshumanisation de l'homme, de la violence de l'âge adulte.

---

55 Christiane Connan-Pintado, « La triade féminine du *Petit Chaperon rouge*. Évolution des rôles dans les réécritures de la littérature de jeunesse contemporaine », p. 107-118 in Catherine D'Humières (dir.), *D'un conte à l'autre, d'une génération à l'autre*, Clermont-Ferrand, Presses Universitaires Blaise Pascal, 2008.

56 Jean-Paul Sermain, *Le Conte de fées du classicisme aux Lumières*, Paris, Desjonquères, « L'Esprit des Lettres », 2005, p. 260.

Au fond, l'affirmation naturaliste ne ramène pas à la nature du loup mais interroge plutôt la nature de l'homme. Par la multiplicité de ses voix, textuelles, historiques, ironiques, le conte offre un espace de réflexion polyphonique. En passant du rôle d'espèce menaçante à celui d'espèce menacée, le loup endosse le costume de la relativité. Le mal absolu n'existe plus. Il prend parfois un visage, comme l'apparition d'Hitler chez Dumas et Moissard ou de manière allusive chez Moon, mais il est le plus souvent incapable de se reconnaître soi-même et l'initiation de l'enfant doit alors passer par ce regard critique sur sa propre communauté. Ainsi, plutôt que d'apporter des réponses, les contes modernes problématisent la question du mal : ils posent les paradoxes et leur donnent forme dans un processus d'écriture éminemment dialectique, la reconfiguration. Liée au patrimoine par sa matière même, la reprise affiche l'irrévérence moderne, et instaure un jeu, aux deux sens du terme, un espace de liberté qui permet à l'enfant lecteur de penser sa place dans le monde.

LA BARBE-BLEUE

Le château en partage

L'une des grandes forces du recueil de Perrault – et sans doute l'une des raisons de son succès extraordinaire – est l'éventail des publics mis en scène. *Le Petit Chaperon Rouge* met en garde les jeunes filles entrant dans l'âge d'être courtisées, tandis que *Cendrillon* apprend à se placer sur le marché des épousables. *Barbe-Bleue* est un conte plus adulte en ce qu'il s'intéresse aux relations conjugales. Dans ce dernier conte, le mariage n'est qu'une étape, l'aventure démarre véritablement au moment où la jeune femme reçoit le trousseau de clefs des mains de son mari. L'enjeu de l'histoire n'est pas le mariage, mais la prise de possession de la maison de l'époux. Perrault, d'ordinaire si sobre dans ses descriptions, est étonnamment prolixe dans ce conte-ci. Dès la première ligne, l'homme est introduit en sa qualité de propriétaire : « Il estoit une fois un homme qui avoit de belles maisons à la Ville & à la Campagne, de la vaisselle d'or & d'argent, des meubles en broderies, & des carrosses tout dorez[1] ». Le principe stylistique de l'accumulation est repris au moment de la scène charnière de la remise des clefs, doublant ainsi le pic dramatique d'un inventaire digne d'un huissier. La visite des amies, une fois le mari parti, sera l'occasion d'une troisième énumération des richesses. Enfin, c'est sur l'entière et exclusive possession de la demeure que se clôt le *happy end* final : « Il se trouva que la Barbe-Bleuë n'avoit point d'heritiers, & qu'ainsi sa femme demeura maîtresse de tous ses biens[2] ». *Barbe-Bleue* est en réalité un conte sur le patrimoine, sur sa transmission par le mariage et sur sa circulation entre les classes laborieuses aisées, ici représentées par Barbe-Bleue, et l'aristocratie désargentée qui, pour se renflouer, doit marier ses filles à ces voisins douteux qui ont moins le sang que la barbe bleue. Il s'agit alors d'une

1 Charles Perrault, *op. cit.*, p. 57-58.
2 *Id.*, p. 79-80.

question d'actualité : le phénomène est si répandu qu'il met en danger les fondations de la société et depuis 1664, Colbert a mis en place de vastes opérations de contrôle et de validation des titres pour freiner ces mariages qui risquent de mettre la haute bourgeoisie aux manettes de l'état. Ce qui arrivera effectivement un siècle plus tard. C'est là la véritable – et immorale – morale de l'histoire. Perrault insinue par ailleurs aux oreilles de Mademoiselle, destinataire première et jeune pion dans l'échiquier politique de sa royale famille, que les mariages d'intérêt laissent souvent des victimes, sept fois sur huit la femme comme en témoignent les cadavres du petit cabinet, mais aussi, ici, l'homme.

Ces problématiques très adultes expliquent en partie la rareté des reconfigurations modernes s'adressant au jeune public. Il en existe quelques-unes pourtant. P'tit Glénat en 2007, publie une réécriture de Jean-Pierre Kerloc'h illustrée par Sébastien Mourrain. L'auteur, qui est aussi professeur, formateur et passionné de contes, puise dans leur creuset un ensemble hétéroclite de motifs tels que le miroir enchanté de *La Belle et la Bête*[3], ou l'invisibilité des serviteurs de la *Psyché* d'Apulée qui prennent ici l'apparence de légères mains ailées gantées de bleu[4], ou encore les robes couleur de temps de *Peau d'Âne*. Un mélange archaïque d'histoires d'autrefois se trouve ainsi projeté dans un contexte contemporain. L'album s'ouvre en effet sur la voiture de Barbe-Bleue « tirée par seize chevaux-vapeur[5] » qui s'arrête dans un village pour trouver une maison :

> Je viens de Paris. Je recherche une belle demeure ancienne pour venir y passer mes fins de semaine et mes vacances[6].

Comme dans l'hypotexte perraldien, Barbe-Bleue est avant tout un propriétaire, et il opère lui aussi la distinction entre les maisons en ville, l'espace des affaires, et celles de la campagne qui abritent les divertissements, fêtes et autres vices plus ou moins cachés. Les villageois répondent qu'« il ne trouverait dans le village que quelques fermettes, masures, cabanes, et autres hangars, bien indignes d'un noble seigneur

---

3 Par Gabrielle-Suzanne de Villeneuve en 1740, puis Jeanne-Marie Leprince de Beaumont en 1757.

4 Ses membres esseulés rappelant eux-mêmes les étranges bras du château de la Bête dans l'adaptation cinématographique de Jean Cocteau, *La Belle et la Bête*, de 1946.

5 Jean-Pierre Kerloc'h, ill. Sébastien Mourrain, *Barbe-Bleue*, Paris, P'tit Glénat, 2007, p. 2.

6 *Ibid.*

tel que lui[7] », mais c'est vers le château médiéval du village que son regard et son choix se tournent. Même dans sa version modernisée, le personnage reste intrinsèquement lié à l'image du château. Comme si la figure du mal ne pouvait vivre que dans cette vision atemporelle du pouvoir. C'est un espace maudit qu'acquiert le riche bourgeois :

> – Ah ! le Haut-Château… Malheur à qui s'en approche ! Il est maudit.
> – Quatre têtes couronnées y furent assassinées !
> – Il a appartenu à l'ogre Gargouillabouffiard, puis au marquis Rodolphe de Carabas, puis à Gilles de Rais, compagnon d'armes de Jeanne d'Arc, qui, dit-on, dévorait les petits enfants[8].

On voit bien ici comment Kerloc'h inscrit son personnage dans une généalogie à la fois bouffonne, intertextuelle et historique, inscrivant le château dans le lieu polymorphe de la légende. La suite du récit verra en partie seulement s'abattre la menace : la femme découvre le cabinet, ses frères accourent avec leur moto, mais ils se contentent d'enlever la barbe et les bottes bleues du terrible mari. Le bonhomme alors retombe en enfance et lance avant de s'enfuir un ridicule « MENTEUSE ! » à son épouse. Par une ultime pirouette, le conte cruel se transforme en rassurante histoire du soir.

S'adressant à un public légèrement plus âgé, le roman de Gérard Moncomble intitulé *Romain Gallot contre Charles Perrault*, s'appuie sur le meurtre et le remet en perspective avec les enjeux immobiliers, mais il use pour cela d'une double mise à distance parodique : celle du conte, d'une part, mais aussi celle du roman policier auquel le recueil emprunte de nombreux codes. Le protagoniste, Romain Gallot, est un détective qui joue au détective et s'en amuse. La première nouvelle, avec l'installation de l'agence dans une tour de banlieue, donne le ton :

> D'accord, installer une agence de détective au dernier étage d'une tour en béton, c'est pas l'idée du siècle. Surtout quand l'ascenseur est perpétuellement en panne sèche[9].

L'emménagement par l'escalier de secours, le téléphone étrangement relié au vide-ordure, l'inscription à l'envers sur la porte de verre, autant

---

7 *Ibid.*
8 Jean-Pierre Kerloc'h, *op. cit.* p. 6.
9 Gérard Moncomble, *Romain Gallot contre Charles Perrault*, Toulouse, Milan, 2007 [1999], p. 13.

de bourdes qui rendent le détective en imperméable sympathique. De l'autre côté, et dans la même veine parodique, le personnage nommé Charles Perrault endosse le costume d'un inspecteur fat et incompétent, constamment manipulé par les personnages des contes, notamment la femme de Barbe-Bleue. Ce dernier nous est présenté comme un riche industriel ayant fait fortune dans les pompes à vélo, et comme un homme à femmes, adepte des mariages et des divorces rapides. L'ultime femme, un véritable personnage de vamp tel que les chérit le genre policier, ne veut pas se contenter d'une pension alimentaire et met en place un stratagème avec l'aide de ses complices, ses deux frères et son amant Sir Hanne, pour récupérer le château. Car il s'agit encore bel et bien d'un château, avec ses cheminées de marbre rose, son salon de danse et une statuette de prix comme arme du crime. Du polar américain avec son *private* fauché, le récit glisse vers la tradition britannique du *whodonit*, attiré lui aussi par la puissance du château. Ainsi le personnage du riche industriel se trouve de nouveau lié à la figure du châtelain, et l'enjeu de la possession se déplace du mari à son logis. Nombre d'analyses soulignent le caractère symbolique du petit cabinet, comme métaphorique de l'intimité de Barbe-Bleue, jusqu'au récent ouvrage de Florence Fix[10]. L'un double l'autre, ou plutôt le château et son propriétaire fonctionnent comme un duo que la jeune épouse embrasse et qui se répartissent de manière inégalitaire le désir et la répulsion. Le caractère ludique de la parodie a beau alléger la démonstration, on retrouve les éléments fondamentaux du conte de Perrault, avec son sulfureux mélange d'argent, d'ambition et de sexe. Les secrets que renferme ce château sont finalement davantage sociétaux que psychologiques.

Les réécritures s'adressant à un public adulte peuvent aller encore plus loin dans l'exploration des ombres révélées par le conte de Perrault et dans la mise en lumière des ambivalences du mariage. *The Bloody Chamber*[11], que livre Angela Carter en 1979, en est peut-être l'exemple le plus abouti. L'histoire se situe au XXe siècle, et Paris est plusieurs fois nommé comme la ville d'origine de la jeune fille et l'endroit où elle a rencontré son époux. D'autres repères géographiques jalonnent le conte : l'homme doit se rendre à New York, son agent l'appelle du Havre, la

10 Florence Fix, *Barbe-Bleue et l'esthétique du secret. De Charles Perrault à Amélie Nothomb*, Paris, Éditions Hermann, 2014.

11 Angela Carter, *The Bloody Chamber, op. cit.*

bonne est bretonne… Mais la localisation du château, elle, reste en suspens. À son approche, la géographie se brouille. Ainsi, durant le voyage qui emporte l'héroïne avec son époux dans sa nouvelle demeure, le train fait une ultime halte dans une station inconnue[12] puis les dépose sur un quai désert. Le couple monte en voiture, et enfin le château apparaît :

> *And, ah ! His castle. The faery solitude of the place […] cut off by the tide from land for half a day… that castle, at home neither on the land nor on the water, a mysterious, amphibious place, contravening the materiality of both earth and the waves*[13]
>
> « Et, ah ! son château. La féerique solitude du lieu […] coupé de la terre par la marée la moitié de la journée… ce château qui n'est chez lui ni sur la côte, ni sur l'eau… Un endroit mystérieux, amphibien, qui enfreint la matérialité à la fois de la terre et des vagues »

Le château est comparé à ceux des contes de fées, mais il ne s'agit pas du château triomphal de Cendrillon tel que l'histoire semble le promettre, il ressemble plutôt à ces mondes féeriques un peu inquiétants, ces îles d'Avalon qui n'appartiennent pas à notre monde et où le temps s'écoule différemment : des lieux-pièges qui attirent et retiennent les imprudents en quête d'aventure. La bâtisse de Barbe-Bleue est tout entière placée sous le signe du Moyen Âge et de ses sombres histoires et quand, plus tard, l'accordeur de piano raconte les légendes qui entourent le lieu, il s'agit de récits de chasse à courre et de jeune fille changée en biche. En mêlant ainsi l'époque contemporaine aux fantasmagories du Moyen-Âge, l'autrice s'inscrit dans l'esthétique gothique. Les thèmes de l'hypotexte que sont l'amour et la mort se développent ici en un long flirt langoureux, alliant horreur et sensualité. Les lieux deviennent l'écrin précieux d'une âme qui se révèle, celle de cette nouvelle Psyché à la recherche de la « vraie nature[14] » de son mari. Le trajet pour le petit cabinet est une aventure hors du temps où l'on doit renoncer au confort de l'électricité pour s'éclairer d'un flambeau et de son courage. Le voyage est tout intérieur comme le suggère la métaphore : « un long et sinueux corridor, comme si j'étais dans les viscères du château[15] », et c'est en effet elle-même qu'elle trouve au bout de ce couloir : ses souvenirs d'enfance

---

12 « *unknow, never-to-be visited station* », *Id.*, p. 6.
13 *Id.*, p. 8-9. Je traduis.
14 « *true nature* », *Id.*, p. 27.
15 « *A long, a winding corridor, as if I were in the viscera of the castle* », *Id.*, p. 25.

hantés par les martyrs chrétiens et l'énergie formidable de sa mère. Les trois cadavres qu'elle y trouve, même, ne sont qu'une image de ce qui l'attend, une représentation macabre des trois âges de la mort, de la comtesse encore rose au squelette de la diva. L'espace du château est un espace fondamentalement symbolique où la jeune fille se regarde devenir femme. Douze miroirs lui renvoient l'instant de sa défloration, ou plutôt de son « empalement[16] », selon un terme cher à la littérature vampirique. Le sang de la virginité fusionne les thèmes, et on le rencontrera encore au moment de l'épisode de la clef tachée où elle souhaitera se trouver « une nouvelle fois vierge[17] », et qui deviendra la marque de la honte que son mari lui fait sur le front. La fin de la nouvelle mixe épopée et réalisme : la mère débarque à l'improviste, tue le monstre avec le pistolet de son père, et la jeune fille trouve le bonheur auprès de l'accordeur de piano. Angela Carter mêle habilement réalisme, fantastique et psychanalyse pour dévoiler le feuilleté de symboles en latence dans le texte de Perrault.

À cette vision en noir et rouge, Amélie Nothomb oppose une version toute en or. Lorsqu'elle reprend le célèbre conte en 2012, elle est parfaitement consciente de la foule de symboles qui l'habite. Sa réécriture prend le parti d'en jouer en les exhibant, en les retournant, et en les intégrant à sa mythologie personnelle. L'enjeu du roman repose bien sur la question du logement, mais sous sa forme dé-sentimentalisée de la colocation, tandis que le luxe prend l'apparence du faste d'un hôtel de maître du VIIe arrondissement de Paris. Il devient ouvertement piège :

> L'annonce précisait : « Une chambre de 40 m2 avec salle de bain, accès libre à une grande cuisine équipée » pour un loyer de 500 €. Il devait y avoir une erreur. [...] Quelle embrouille cachait donc cette offre miraculeuse[18] ?

Mais piège aussi du petit cabinet :

> Ceci est l'entrée de la chambre noire, où je développe mes photos. Elle n'est pas fermée à clef, question de confiance. Il va de soi que cette pièce est interdite. Si vous y pénétriez, je le saurais, et il vous en cuirait[19]

16 « *A dozen husbands impaled a dozen brides* », *Id.*, p. 14.
17 « *once more a virgin* », *Id.*, p. 30.
18 Amélie Nothomb, *Barbe bleue*, Paris, Albin Michel, 2012, p. 8.
19 *Id.*, p. 15.

La formulation de la menace « il vous en cuirait » prend sa saveur quand la nature du stratagème est révélée : il s'agit d'un mécanisme qui bloque la porte et abaisse la température pour faire mourir l'intruse de froid. Le photographe amateur peut alors en tirer le portrait sans que la mort n'altère ses traits. L'action semble avancer sur une logique toute polysémique : le cabinet obscur devient chambre noire et introduit le thème de la photographie qui se fait fil conducteur de l'intrigue. De la folie sauvage du Barbe-Bleue initial, cette version parisienne a fait une quête d'absolu esthétique et métaphysique, autrement dit, un projet artistique. Chaque épouse représente une couleur que le meurtrier utilise pour reconstituer le spectre chromatique. L'héroïne sera l'ultime, le jaune, l'or. Un réseau dense de symboles se tisse autour de cette couleur, du luxe du champagne, sa « version liquide[20] », au mystère de l'œuf métaphysique, à la présence de Dieu – « l'or est la substance de Dieu[21] » –, pour se résoudre dans les indulgences que le monstre (très catholique) paye auprès de son confesseur pour racheter ses crimes. L'or resplendit sur la ville et sur ce quartier avec « les Invalides dont la coupole venait d'être redorée à la feuille[22] ». À ce monde doré s'opposent la banlieue et sa trivialité :

> La simple idée de retourner le soir à Marne-la-Vallée chez son amie Corinne lui levait le cœur. Corinne travaillait à Eurodisney et était très heureuse de partager son deux pièces avec la jeune Belge, sans se douter que celle-ci manquait suffoquer quand elle dormait dans son canapé qui sentait la vieille cigarette[23].

L'opposition géographique n'est pas seulement économique, mais aussi repoussoir avec la culture Disney qui s'oppose au raffinement du nouveau Barbe-Bleue en quête de son idéal, et de sa proie qui cherche la vérité. L'hôtel de maître parisien est ainsi prétexte à rejouer, pour le vingtième anniversaire de sa sortie, la scénographie du tout premier roman d'Amélie Nothomb : *Hygiène de l'assassin*[24]. Dans les deux cas il s'agit d'un duel entre un homme mûr, riche et puissant, et une toute jeune femme qui réussit à déstabiliser son adversaire, puis à le renverser par la

20 *Id.*, p. 50.
21 *Id.*, p. 33.
22 *Id.*, p. 170.
23 *Id.*, p. 10.
24 Amélie Nothomb, *Hygiène de l'assassin*, Paris, Albin Michel, 1992.

seule force de son intelligence. Barbe-Bleue est si intrinsèquement lié à son château, que la grande majorité des auteurs qui s'emparent du conte pour le projeter dans l'univers contemporain conservent l'anachronisme du châtelain. Par un renversement des valeurs, on voit même le roturier originel se transformer au fil des réécritures en figure de l'aristocratie. La version d'Amélie Nothomb en est un aboutissement. Son Barbe-Bleue se présente comme « l'homme le plus noble du monde[25] » et tente de construire autour de lui un monde à la mesure de la grandesse espagnole. Mais l'aristocratie a évolué, la jeune Saturnine, toute roturière qu'elle est, sait reconnaître le meilleur : les champagnes qu'elle choisit, le Louvre où elle travaille et à travers elle Amélie Nothomb dessine une nouvelle élite.

Ainsi, sur le duo initial homme-château chacun greffe sa propre histoire en fonction de sa sensibilité et de ses préoccupations. La question du couple et de ses tensions se décline à l'infini, sans que la postérité entérine un véritable coupable. Le conte, comme le couple, se refuse à la caricature et offre un intéressant contrepoint à l'image stéréotypée de la belle et de son prince. Pourtant, au-delà de ces jeux de renversement, on remarquera que l'image du château semble, elle, étonnamment stable. Le mari, le mariage, restent à chaque fois liés à l'idée de confort matériel. Il y a là une donnée que trois cents ans de féminisme n'ont, semble-t-il, pas réussi à résoudre.

Nous pourrions nous interroger, alors, sur ce déménagement du château en ville. La réécriture des contes de Perrault dans un contexte urbain contemporain n'est de toute évidence pas un phénomène isolé, et si chaque auteur a le sentiment de jouer de manière personnelle avec un conte de son enfance, les exemples sont trop nombreux pour relever de l'initiative individuelle. Chacun, à sa manière, réinvestit l'univers fictionnel du conte dans sa propre réalité, et colmate par-là les fuites dénoncées par Bachelard en injectant dans le béton de la réalité la cosmicité du féerique :

> À Paris, il n'y a pas de maisons. Dans des boîtes superposées vivent les habitants de la grand'ville [...]. Au manque des valeurs intimes de verticalité, il faut adjoindre le manque de cosmicité de la maison des grandes villes. Les maisons n'y sont plus dans la nature. Les rapports de la demeure et de l'espace y deviennent factices. Tout y est machine et la vie intime y fuit de toute part[26].

25 Amélie Nothomb, *Barbe bleue*, Paris, Albin Michel, 2012, p. 26.
26 Gaston Bachelard, *La Poétique de l'espace*, Paris, PUF, 2010 [1957], p. 42-43.

Le féerique, cependant, n'est pas pour autant rassurant. Les maisons chez Perrault ne sont pas des refuges, mais des espaces de mise à l'épreuve. Les personnages des contes ne logent pas dans le *locus amoenus* où pouvait encore se dresser la cabane de Grisélidis. Mais c'est justement parce qu'il leur refuse ce paradis des temps anciens, que Perrault offre à ses héros modernes la possibilité de se confronter au monde et de le conquérir. Chaque hutte, chaque maison, chaque château devient ainsi chez Perrault un espace où le protagoniste se bat, ou se débat, avec son destin. Le bûcheron Blaise, le Petit Chaperon Rouge, la Belle au Bois Dormant, la femme de Barbe-Bleue, tous cherchent la réalisation de leur bonheur. Les métropoles modernes s'emparent de ces figures tutélaires et offrent un terrain de jeu idéal à leurs quêtes identitaires. L'univers des contes et l'espace urbain, en somme, font bon ménage et ont beaucoup d'enfants.

Le fait est que l'histoire littéraire a grandement surévalué la ruralité des contes de Perrault. Il n'y a pas ou peu de description de chaumières, dans les *Histoires ou Contes du temps passé*, rien qui ancre le récit dans la quotidienneté ou dans les rythmes du travail de la terre. Les lieux perraldiens sont juste esquissés, simples décors de théâtre sur lequel l'auteur fait parfois tomber la pluie pour les besoins de la scénographie. La campagne reste une représentation. Le fait n'est pas dû au courtisan Perrault, mais est bien inhérent au genre lui-même. Les recherchent de Ruth Bottigheimer débarrassent le conte moderne de sa mythologie des origines rurales et populaires pour le ramener à son véritable lieu de naissance : la ville.

> *Fairy tales emerged when cities, literate city people, and city possibilities intersected and became a reality in urban people's lives. Venice was the first place where large-scale commerce, manufacturing, wide-spread literacy, and cheap print existed in the same place at the same time. Each of these conditions was a necessary element in the mix needed to produce fairy tales as we know them in the modern world. And so it can be no surprise that it was in Venice where, for the first time, the beloved plot of modern rags-to-riches-through-magic-and-marriage fairy tales sprang into existence and joined the old restoration plots that had long entertained Europe's tale lovers. Rise fairy tales were new stories for a new age. They were stories about people like us*[27].

> « Les contes de fées ont émergé quand les villes, le peuple lettré des villes et les possibilités des villes se sont croisés pour devenir une réalité dans la

27 Ruth Bottigheimer, *op. cit.*, p. 114-115. Je traduis.

> vie de la population urbaine. Venise a été le premier lieu où le commerce à grande échelle, l'industrie, une alphabétisation élargie et une impression bon marché, ont existé au même endroit en même moment. Chacune de ces conditions était un élément nécessaire au mélange qui donna naissance aux contes de fées tels que nous les connaissons dans le monde moderne. Il n'est ainsi pas surprenant que ce soit à Venise que, pour la première fois, la structure du conte de fées moderne tant aimé du misérable-qui-devient-riche-par-la-magie-et-le-mariage voit le jour et rejoint l'ancienne structure du conte de restauration qui a longtemps diverti les amateurs de contes en Europe. Les contes d'ascension étaient de nouvelles histoires pour un nouvel âge. C'était des histoires pour des gens comme nous. »

L'étude des lieux de Perrault et de leur devenir au XXe siècle tend à lui donner raison : le conte, en tout cas tel qu'il s'est transmis dans les sociétés occidentales modernes, n'est pas fondamentalement lié à la campagne. La nourrice, devenue la « vieille Marie » au fil des préfaces des frères Grimm, est une *persona* littéraire qui légitime une ruralité artificielle, mais que l'auteur ne prend jamais complètement au sérieux. Tous les jeux du conte s'appuient sur ce double mouvement d'adhésion/répulsion que les auteurs poursuivent aujourd'hui dans leurs réécritures actualisantes. Marc Escola a montré comment Perrault mettait en place cette modalité d'énonciation du merveilleux très particulière qu'il nomme la « narration enjouée » :

> la « narration enjouée » selon Perrault tient dans une façon singulière de mettre en concurrence la logique du merveilleux et celle du vraisemblable, ou plus exactement dans le jeu introduit pour un même énoncé entre plusieurs « motivations » ou régimes de causalité. Parce qu'il déjoue ouvertement, et avec la complicité du lecteur, l'impératif de la vraisemblance, le conte pourrait bien apparaître comme le lieu où se réfléchit l'économie classique du récit [...] de tels effets ne sont possibles que parce que les contes de Perrault ne sont pas continûment merveilleux et ne s'émancipent jamais totalement des lois de la vraisemblance. On peut montrer que le merveilleux vient s'inscrire *au lieu même* de la vraisemblance pour la concurrencer, et parfois même pour la dénoncer[28].

La communication de Marc Escola se termine sur un parallèle avec *Don Quichotte*, tous deux faisant partie de la famille de « ces textes qui nous

---

28 Marc Escola, « La "narration enjouée" : Vraisemblable et merveilleux dans les *Contes* en prose de Perrault (1697) », communication à la Journée d'étude sur la vraisemblance à l'âge classique, organisé par le Centre de Recherches sur l'Anthropologie au XVIIe siècle, 6 juin 1998, à l'École normale supérieure., consultable en ligne : http://www.fabula.org/atelier.php?Vraisemblable_et_merveilleux_dans_les_Contes (consulté le 28/04/2021).

demandent d'être (au moins) deux lecteurs à la fois[29] ». Il s'agit, comme le signale Milan Kundera dans son art du roman de :

> comprendre avec Cervantès le monde comme ambiguïté, avoir à affronter, au lieu d'une seule vérité absolue, un tas de vérités relatives qui se contredisent (vérités incorporées dans des ego imaginaires appelés personnages), posséder donc comme seule certitude la sagesse de l'incertitude[30]

Les lettres opèrent la même révolution que celle qu'est en train de connaître la science : alors que les écrits de Galilée sont encore interdits, la révolution copernicienne creuse ses sillons dans une vision univoque du monde. Ce positionnement marque la naissance de la modernité comme croisement des autorités et multiplication des voix, une polyphonie qui accompagne également la naissance du roman moderne. Le phénomène explose au vingtième siècle : à l'âge de la relativité, ces voix se multiplient, se croisent, s'opposent, se diffractent.

Le conte, par cette ambivalence même, devient pour les auteurs actuels une manière privilégiée de penser leur propre modernité. En s'appuyant sur les quelques décors esquissés par Perrault et sur le discours critique des folkloristes et des psychanalystes qui en ont constitué le mythe, les écrivains contemporains s'emparent des *topoï* pour les confronter au monde actuel. La transposition est doublement significative : elle offre un regard sur le passé comme sur le présent. Projetées ainsi, les dynamiques humaines que mettent en scène les contes donnent sens au chaos de la ville. Mais, elle permet aussi de dire le temps, de mesurer le changement. Le plus important est sans doute la redistribution des rapports de force. Le protagoniste, enfant, femme ou pauvre, a réalisé sa quête de liberté en devenant un personnage parfaitement autonome, un véritable héros capable de prendre son destin en main. Dans ces jeux de renversement, la maison de mère-grand ou celle de l'ogre peuvent devenir des aires de refuge. Le conte lui-même, la merveille, l'imagination, sont des moyens de se battre contre un monde devenu trop cartésien. Les contes, en somme, flirtent sans cesse avec la parodie, celle qui est étymologiquement à côté du chant, et permettent par la polyphonie la mise en valeur de l'impertinence créatrice de la nouveauté face à l'autorité.

---

29 *Ibid.*

30 Milan Kundera, « L'héritage décrié de Cervantès », *L'Art du roman*, Paris, Gallimard, « Folio », 1995, [1986], p. 14.

LE CHAT BOTTÉ

La révolution sur coussinet

Le chat botté est à la fois le plus ancien des contes de fées et le plus moderne. En effet, selon les quatre catégories définies par Ruth Bottigheimer[1] : les « contes du peuple » (*folktales*), les « fictions féeriques » (*fairyland fictions*), les « contes de restauration » (*restoration fairy tales*), et enfin les « contes d'ascension » (*rise fairy tales*), c'est ce dernier type qui signe la modernité du nouveau genre en mettant en scène un protagoniste pauvre qui surmonte des épreuves et accède au statut royal grâce à un mariage orchestré par un personnage magique[2]. Bien que proche du conte de restauration, ce dernier genre est dans son essence tout à fait différent : nous ne sommes plus dans la logique féodale de la lignée, mais dans celle bien moderne d'une ascension individuelle. Or, Bottigheimer situe l'invention de ce schéma narratif dans la Venise renaissante, au moment où Straparola[3] donne à la littérature l'histoire d'un jeune miséreux qui devient roi grâce à son chat magique : *Costantino Fortunato*, l'ancêtre de notre *Maître chat* versaillais. L'histoire connut un succès fulgurant dans toute l'Europe et reste encore aujourd'hui l'un des contes les plus connus du public.

Reprenons donc la définition du conte d'ascension que propose Ruth Bottigheimer comme modèle du conte de fées moderne :

> *Rise fairy tales begin with a dirt-poor girl or boy who suffers the effects of grinding poverty and whose story continues with tests, tasks, and trials until magic brings about a marriage to royalty and a happy accession to great wealth*[4].

---

1 *Cf.* en introduction ou Ruth B. Bottigheimer, « Les contes médiévaux et les contes de fées modernes », *Féeries* [En ligne], 7 | 2010, mis en ligne le 31 juillet 2011 : http://feeries.revues.org/753 (consulté le 28/04/2021).

2 Ruth Bottigheimer, « Les contes médiévaux et les contes de fées modernes », *Féeries,* 7 | 2010, p. 21-43.

3 Giovan Francesco Straparola, *Le Piacevoli notti*, Venise, Orpheo dalla carta, 1550.

4 Ruth Bottigheimer, *Fairy tales, a new history*, *op. cit.*, p. 12. Je traduis.

> « Les contes d'ascension débutent avec une fille ou un garçon dans une grande pauvreté qui souffre des effets de la misère et qui est mis face à des expériences, des tâches, des épreuves, jusqu'à ce qu'un élément magique lui offre un mariage royal et une ascension heureuse vers une grande richesse. »

Le Chat Botté non seulement correspond à ce schéma, mais il en est même une sorte d'épure, une allégorie : celle de la Roue de Fortune. Dans la première version du conte, celle qu'en propose Straparola en 1550[5], le jeune garçon se nomme Costantino Fortunato, c'est-à-dire « le chanceux ». Le lien est également souligné par le récit-cadre. En effet, le dispositif narratif des *Nuits Facétieuses* de Straparola est calqué sur le *Décaméron* de Boccace : il met en scène treize demoiselles réunies sur l'île de Murano pendant un carnaval. Or le personnage en charge du conte l'introduit explicitement sous le signe de cette allégorie :

> *Molte volte, amorevoli donne, vedesi un gran ricco in gran povertá cadere, e quello, ch'è in estrema miseria ad alto stato salire. Ilche intervenne ad un poverello, il quale essendo mendico, pervenne al stato regale*[6].
>
> « Souvent, mes aimables compagnes, on voit un homme très riche tomber dans une grande pauvreté, et celui qui est dans une extrême misère monter à un état élevé. C'est ce qui arriva à un pauvret qui de mendiant, parvint à l'état de roi. »

L'imagerie de la Roue de Fortune est une allégorie antique alors très répandue. Très présente dans les églises, elle sert d'avertissement aux puissants, et permet au pouvoir régulier de rappeler la fragilité du pouvoir séculier. Il s'agit en général d'une menace. On voit comment ici Straparola tourne la roue dans l'autre sens, le mendiant s'élève, et le conte conclut :

> *Ed a questo modo Costantino, di povero & mendico, signore, & re rimase ; & con la sua Elisetta gran tempo visse, lasciando di lei figliuoli successori nel Regno*[7].
>
> « Et c'est ainsi que Costantino, de pauvre et mendiant, devint seigneur et roi : et il vécut longtemps avec son Elisetta, dont il eut plusieurs enfants qui régnèrent après lui. »

---

5 Premier conte de la onzième de ses *Nuits Facétieuses*.

6 Giovan Francesco Straparola, *Le piacevoli notti. Libro 2*, Vinegia, A. Revenoldo e G. de Zilii, 1565, p. 105, je traduis.

7 *Id.*, p. 107.

Ainsi, un tour de roue instaure le mouvement du genre naissant et sa logique du *happy end* qui se figera dans la formule : « Ils se marièrent et eurent beaucoup d'enfants ». Une révolution ? En réalité l'opération n'est pas complètement isolée, et l'image de la Roue de Fortune connut elle-même divers revirements politiques. Du discours des religieux, l'allégorie passe à la Renaissance à celui des seigneurs. Dans son étude *Fortuna. Usages politiques d'une allégorie morale à la Renaissance*[8], Florence Buttay-Jutier rappelle l'omniprésence de la divinité romaine Fortuna dans le discours moral et politique du Moyen Âge et de la Renaissance, en France comme en Italie, et montre comment elle est érigée en « déesse de la souveraineté politique[9] ». L'image va ainsi permettre de légitimer un pouvoir non dynastique mais qui repose sur la capacité à saisir la bonne occasion, et la Fortune devient le signe d'une élection, par la « captation symbolique du sacré par l'autorité civile[10] ». Le bon gouverneur est dès lors celui qui transmet à la communauté un pouvoir magique, sa bonne fortune[11], et la roue se fige dans la pose de réussites particulières. Straparola reprend le discours ambiant mais dans une version dégradée : la providence divine est ici un chat, le souverain est berné et un jeune galeux lui prend son trône. Le conte devient satire. Perrault poursuit cette veine, et ses contes opèrent régulièrement un travail de sape de la figure royale, et ce, on l'a vu, dès le premier conte qu'il fait lire en 1691 devant l'Académie française, *La Marquise de Salusses ou la Patience de Griselidis*[12], où un seigneur persécute sa fidèle épouse. Les contes de Perrault ne cessent ensuite d'interroger les limites du pouvoir avec *Peau d'Âne*, évidemment, mais aussi dans la *Belle au Bois Dormant*, ou même le *Petit Poucet* (où les jeunes ogresses, rappelons-le, portent des couronnes), jusqu'à ce coup d'État orchestré par un chat.

Perrault reprend la trame de Straparola, mais l'enracine dans la terre. La huche et le tour, héritage de la mère chez Straparola, deviennent avec Perrault le moulin et l'âne légué par le père. Le déplacement rapproche encore le conte de l'allégorie originale : la Roue du destin emprunte les

8 Florence Buttay-Jutier, *Fortuna. Usages politiques d'une allégorie morale à la Renaissance*, Paris, Presses universitaires de Paris-Sorbonne, 2008.

9 *Id.*, p. 45.

10 *Id.*, p. 229.

11 *Ibid.*

12 Charles Perrault, *Griselidis. Nouvelle avec le conte de Peau d'Asne, et celuy des Souhaits ridicules*, Paris, édition Coignard, 1694.

traits du moulin dont hérite l'aîné, tandis que l'âne du cadet est un animal récurrent dans l'iconographie de la Roue de Fortune[13]. Cependant, la version perraldienne devient l'histoire d'une accession à la propriété, le récit s'embourgeoise en intégrant les préoccupations de cette fin de siècle. Quand les deux frères aînés sont d'emblée installés, le benjamin, lui, doit utiliser son astuce, ou plutôt, celle de son chat. La question de l'héritage est récurrente, explicitée à trois reprises : en introduction, lors de la promenade, puis dans la morale. L'enracinement se perçoit également dans le passage où le chat devance le carrosse royal : dans la version de Straparola il rencontrait successivement des cavaliers et des gardiens de troupeaux, dans celle de Basile[14] des pâtres, chez Perrault ce sont des paysans fauchant, puis moissonnant, et le récit insiste sur la rentabilité de la terre : « c'est un pré qui ne manque point de rapporter abondamment toutes les années[15] ». Du moulin, l'on remonte à la terre qui fournit le blé et à des questions d'intendance.

Le château de Perrault, cependant, opère un changement d'un tout autre ordre. Ceux de Straparola et de Basile restaient en effet dans l'ordre du vraisemblable. Pour le premier, le jeune homme arrive dans un château dont le propriétaire, un valeureux soldat, vient de mourir, il s'agit pour le jeune homme d'un coup de chance (un *colpo di fortuna* en italien), tandis que chez le second, le jeune homme achète des terres grâce à la dot de sa femme et devient Baron. Avec Perrault, le château précède le mariage, et fait basculer le conte dans le merveilleux, celui de l'ogre et de ses métamorphoses. Il devient ainsi le lieu du pouvoir renversé : le lion se fait souris, et l'ogre est dévoré, tandis que le royaume passe aux mains du jeune mendiant dans ce grand moment de sciences politiques :

> Le roy, charmé des bonnes qualitez de monsieur le marquis de Carabas, de même que sa fille, qui en estoit folle, et voyant les grands biens qu'il possedoit, luy dit, aprés avoir beu cinq ou six coups :
>
> « Il ne tiendra qu'à vous, monsieur le marquis, que vous ne soyez mon gendre. »
>
> Le marquis, faisant de grandes réverences, accepta l'honneur que luy faisoit le roy, et, dés le même jour, il épousa la princesse. Le Chat devint grand seigneur, et ne courut plus aprés les souris que pour se divertir[16].

13 Voir par exemple la gravure de Dürer pour *La Nef des fous* de Sébastien Brant, 1494.
14 Giambattista Basile, *Lo cunto de li cunti*, Naples, 1634-1636.
15 Charles Perrault, *op. cit.*, p. 95.
16 *Id.*, p. 102.

Jean-Michel Adam souligne que l'incise « aprés avoir beu cinq ou six coups » indique « une décision avinée aussi peu raisonnée que raisonnable, qui entérine la ruse et transforme cette histoire en conte de la noblesse usurpée[17] ». Le château, sous la plume perraldienne, est un espace ambigu qui cache des squelettes dans ses tiroirs, voire les expose dans son assiette puisqu'il est précisé qu'« ils trouverent une magnifique colation que l'Ogre avoit fait preparer pour ses amis qui le devoient venir voir ce même jour-là, mais qui n'avoient pas osé entrer, sçachant que le Roi y estoit[18] ». Le détail n'échappe pas à Gustave Doré qui s'amuse à représenter ces riches plats garnis d'enfants. Ainsi, ce roi craint des ogres mais bafoué par un chat, se repaissant d'un repas douteux et trop arrosé, offre une figure de la royauté problématique. La morale est qualifiée par Jean-Michel Adam de « subversive » en ce que :

> elle reprend un personnage-type du burlesque, en faisant du larron virtuose un chat. La fonction critique du burlesque, qui passe par les motifs de l'imposture, de la mystification généralisée et des travestissements, est ici récupérée et déplacée dans le conte merveilleux[19].

Les réécritures contemporaines de ce conte récupèrent cette charge politique. Il existe en réalité peu de reconfigurations dans un contexte urbain et industriel à destination du jeune public. Christiane Connan-Pintado, l'impute justement à la dimension sociétale du conte qu'elle compare à celle du *Petit Poucet* :

> Les deux contes décrivent la victoire du faible sur le fort grâce à la ruse, à travers des péripéties comiques, pathétiques et/ou dramatiques. [...] Toutefois les enjeux sociaux du *Chat botté* sont sans doute plus complexes et moins à la portée de l'enfance, aussi est-il moins réécrit que *Le Petit Poucet*[20].

De fait, les deux réécritures dont nous allons parler s'adressent à des adultes. Il s'agit des nouvelles de Daniel Picouly « Le *Chat* Botté[21] » et d'Alexis Brocas « LeChat 2.0[22] », parues dans des recueils collectifs

17 Jean-Michel Adam, *Textualité et intertextualité des contes, op. cit.*, p. 173.

18 Charles Perrault, *op. cit.*, p. 101-102.

19 Jean-Michel Adam, *Textualité et intertextualité des contes, op. cit.*, p. 173.

20 Christiane Connan-Pintado, *Lire les contes détournés à l'école. op. cit.*, p. 24.

21 Daniel Picouly, « Le *Chat* botté », *Les contes de Perrault revus par...*, Paris, La Martinière, 2002, p. 87-98.

22 Alexis Brocas, « LeChat 2.0 », in *Remake. Leurs contes de Perrault*, Paris, Belfond, 2015, p. 57-80.

respectivement en 2002 et 2015. Toutes deux interrogent la notion de pouvoir à l'ère du numérique en jouant sur l'homographie du français « chat » avec l'anglicisme *chat*, le « clavardage » des Québécois. Le mot est entré dans le langage courant quand se sont répandues les messageries électroniques et permet de marquer le déplacement des sphères de pouvoir : le centre de décision n'est plus lié aux réalités de la terre, aux champs de blé, à leurs rentes annuelles, mais situé dans la doublure du monde virtuel. La Roue de Fortune du XXIe siècle s'écrit en mode binaire.

Le meunier de Daniel Picouly est « prince du Net », « Seigneur du Web », « les ailes de son moulin tournent sur la City[23] ». Mais c'est le vent lui-même qu'il moud à présent, et la bulle peut exploser à tout moment. C'est ce qui arrive à ce père qui se retrouve sur la paille et meurt. Le plus jeune fils hérite de l'ultime invention, le *chat*, ignorant ce que c'est. L'occasion d'une explication :

> Le *chat* est mot d'Albion
> Traduit de « conversation »
> Une sorte de moderne agora
> Grande fabrique à bla-bla
> Où par écran interposé
> Sans même y être conviés
> Se rencontre [sic] sur le Net, commères,
> Chalands et grands compères[24].

L'on voit comment Picouly s'amuse du décalage produit entre la modernité de son sujet et une description volontairement datée. La forme versifiée, le latinisme (« Albion » pour « Grande-Bretagne »), ou l'usage d'archaïsmes comme « commères » et « compères », la comparaison enfin avec l'*agora* grecque, sont autant de manières de créer un espace de jeu entre deux réalités. Mais elles permettent en même temps de rassembler ces deux réalités, de faire le lien : Internet est bel et bien l'*agora* moderne, c'est-à-dire, selon la définition du CNRTL : « la place principale de la cité : centre politique, économique, religieux[25] ». Son équivalent romain, le *forum* a d'ailleurs rapidement intégré la

23 Daniel Picouly, *op. cit.*, p. 87-88.
24 *Id.*, p. 89.
25 http://www.cnrtl.fr/definition/agora (consulté le 28/04/2021).

terminologie informatique. Internet est un espace de rencontres et « Le minou entreprenant eut vite empli son sac / De mille patronymes, adresses et bons contacts[26] ». Dans ce monde virtuel, où le vent se vend, la nouvelle ruée vers l'or sera celle des données personnelles. Notons que Daniel Picouly fait œuvre de visionnaire ici puisqu'en 2002 Google n'est encore qu'un moteur de recherche parmi d'autres et Facebook n'est même pas né… Or, ce que note l'auteur, c'est que ces données peuvent être manipulées, offrant un nouveau pouvoir à celui qui les maitrise. Le Chat, dans un premier temps, construit le personnage de Carabas grâce à un « "buzz" ce bruissement fabriqué de la fausse renommée[27] ». L'Ogre excelle en la matière, c'est même là son nouveau don de métamorphose :

> L'Ogre était, retenez le paradoxe, un dieu de l'image
> Dont personne n'avait croisé l'image.
> Il pouvait par caprice à sa guise défaire
> Réputations, fortunes et grands ministères[28].

Un don qui, plus spécifiquement, se concentre sur la manipulation des informations :

> Ogre, on dit que considérables nouvelles
> Vous pouvez réduire à simples bagatelles
> Et que de bien vulgaires chiens écrasés
> Vous faites Lions d'Atlas et Éléphants dorés[29].

Mais le don de l'information, et le puissant réseau qui va avec, font toujours de l'Ogre un géant au pied d'argile, et il suffira que le Chat lui demande de faire la réputation de son compagnon et d'annoncer sa propre mort pour se retrouver dépouillé. Comme dans le conte de Perrault. Le jeune homme scelle alors son alliance avec le pouvoir en épousant la fille du « Roi des Roués[30] », que le narrateur nomme par la suite « le Roué », dans un glissement paronomastique pour le moins irrévérencieux. L'autorité royale, ici aussi, est bafouée.

---

26 Daniel Picouly, *op. cit.*, p. 91.
27 *Id.* p. 94.
28 *Ibid.*
29 *Id.* p. 95.
30 Daniel Picouly, *op. cit.*, p. 91.

La figure du pouvoir est encore plus sombre dans la nouvelle d'Alexis Brocas « LeChat 2.0[31] ». L'histoire est la suivante : un jeune garçon, troisième fils d'un grand entrepreneur, refuse absolument de suivre l'exemple paternel. Il entend « devenir une sorte de Diogène moderne[32] » :

> À douze ans, j'avais déjà une idée claire de la vie que je désirais – celle que je vivais aujourd'hui, paisible, peu laborieuse, à fumer, rêver et en profiter parmi des gens partageant ces ambitions et celle de participer le moins possible au saccage de notre jolie planète[33].

La nouvelle se présente comme une fable sur le déterminisme familial. Comme chez Picouly, la démonstration s'alimente de l'Antiquité. L'incipit ouvre sur une allusion à *Antigone* qui, tel un oracle, annonce la fin tragique : « à vingt-cinq ans on se prend encore pour Antigone, on s'imagine faire de sa vie ce qu'on veut, et puis la vie vous rattrape[34] », mais comme chez Picouly aussi, elle s'actualise dans la révolution d'Internet. Le père, Jean Meunier, lègue à son aîné l'entreprise Moulinux, au second le fonds Asinus-Equus, et à son troisième, une clef USB à tête de chat. Il s'agit en réalité d'un puissant virus qui, à son insu, manipule sur la toile son image pour en faire un riche *trader* adepte des soirées *people* et alimente en secret les comptes de politiciens véreux. L'opération n'apparait pas comme bienveillante, mais est au contraire clairement menaçante : « tu n'es pas de taille à résister au destin que nous t'avons fabriqué[35] » le prévient le logiciel. La figure du père est à plusieurs reprises perçue comme un démon qui, de l'enfer, tire les ficelles de la vie de son fils pour assouvir « sa jubilation à piétiner les aspirations des autres[36] ». L'espace virtuel apparait comme un monde d'« ombres électroniques dont les gens comme [s]on père ont doublé ce monde-ci[37] ». La merveille, réalisée par la technologie, est devenue diablerie. L'autre figure d'autorité, celle de l'ogre, apparaît encore plus inquiétante :

31 Alexis Brocas, *op. cit.*
32 *Id.*, p. 60.
33 *Id.*, p. 69.
34 *Id.*, p. 59.
35 *Id.*, p. 69.
36 *Id.*, p. 67.
37 *Id.*, p. 66.

> un mafieux quinquagénaire appelé l'Ogre ou Don Sacabras à cause de son habitude de tronçonner les jambes et la tête de ses ennemis, mais pas les bras, ce qui lui permettait, après autres traitements et ablations subsidiaires, d'en faire des sacs à dos qu'il portait parfois dans les galas de son milieu[38].

L'homme habite dans « un hôtel particulier transformé en bunker par ses affidés, et garni de dispositifs de sécurité mortels. Mitrailleuse à déclenchement automatique, sols électrifiés à la demande, mines à impulsion personnalisée[39]... ». Mais le monstre à l'ancienne, mélange de pervers et de parrain, ne fait pas le poids. Par sa maitrise de l'informatique, le logiciel retourne les armes contre le propriétaire des lieux et fait place nette pour le jeune homme. Car le Diogène a fléchi. C'est en prison que la bascule se fait : fatigué, nu, il reçoit la visite du ministre de l'Intérieur, le prochain président de la République, et tombe amoureux de sa fille « une princesse hippie et républicaine[40] ». Le jeune protagoniste cède à la vie facile qu'on lui offre et devient bel et bien trader grâce à un logiciel que lui installe le Chat. Le *happy end* est en réalité ici une défaite, comme en témoigne le ton amer :

> Il y avait des noms d'entreprise qui défilaient, deux boutons, « acheter » et « vendre », et quel que soit celui sur lequel je cliquais, on m'apprenait que j'avais gagné x000 euros et voué x00 employés au chômage. Ça devait être ça, le paradis où s'achèvent les contes modernes[41].

Un renversement générique intéressant s'opère ici. Le jeune protagoniste voulait, à sa manière, tourner la Roue de Fortune : il refusait le poste de roi d'un monde qui ne lui convenait pas et aspirait à la place de mendiant. Mais l'histoire se mue malgré lui en conte de restauration : le destin redevient celui d'une lignée, et non d'un individu. Alexis Brocas fait faire un tour complet à la Roue de Fortune et la figure du pouvoir en sort encore plus abimée.

Le concept d'ascension sociale était purement allégorique chez Straparola qui vit dans une Venise où le mariage entre classes est rigoureusement interdit. Mais le motif se détache et la roue trace sa route... Elle trouve dans la Versailles de Perrault un écho tout particulier, celle

---

38 *Id.*, p. 77.
39 *Ibid.*
40 *Id.*, p. 74.
41 *Id.*, p. 79.

d'un phénomène de société qui voit la montée d'une classe laborieuse aisée : des charges s'achètent, les dots se vendent, et l'argent et les valeurs bourgeoises entrent dans les sphères du pouvoir. Le conte d'ascension devient la matrice du conte de fées moderne en ce qu'il répond à une préoccupation nouvelle et profonde : la naissance de l'individu. Ce nouveau personnage réclame un nouveau mythe, celui de la *success story* qui se figera dans le rêve américain, la pose du *self-made-man*, ou les légendes d'entreprises qui prolifèrent. Au XXIe siècle, la révolution numérique fait naître de nouveaux rois : Bill Gates, Steve Jobs, Mark Zuckerberg en sont autant de réactualisations. Mais le conte met à distance le motif du succès et le Chat Botté fait grincer la roue. L'espace du pouvoir qu'il présente est un monde inquiétant, peuplé d'ogres terrifiants et de rois crédules, un monde fait de flatteries et de tromperies, un monde aussi où l'on n'avance qu'accompagné d'un compagnon magique… Et si la Fortune est un rouage essentiel des Temps Modernes, elle peut aussi virer à l'engrenage.

LES FÉES

Au miroir de la morale

Les Fées est le conte de Charles Perrault le plus court et le plus simple, du moins en apparence. Le sujet tient en quelques lignes, Perrault l'annonce dès sa préface de 1694 :

> Tantost ce sont des Fées qui donnent pour don à une jeune fille qui leur aura répondu avec civilité qu'à chaque parole qu'elle dira, il luy sortira de la bouche un diamant ou une perle ; & à une autre fille qui leur aura répondu brutalement, qu'à chaque parole il luy sortira de la bouche une grenouille ou un crapaud[1].

Mais cette simplicité est le résultat d'une sévère décantation. La trame apparaît pour la première fois chez Basile avec *Le Doie Pizzelle*[2]. Dans la version napolitaine, deux sœurs ont chacune une fille. La première, douce et honnête, envoie sa fille Martiella puiser de l'eau et lui remet une galette. Lorsqu'elle arrive à la fontaine, une vieille la lui demande et la jeune fille la lui offre de bon cœur. Elle y gagne trois dons : des roses et des jasmins apparaitront lorsqu'elle parlera, des perles et des pierres précieuses lorsqu'elle se peignera, et des fleurs écloront lorsqu'elle marchera. Sa tante, envieuse, envoie sa propre fille Puccia qui rate l'épreuve et récolte de la bave pour sa bouche, des poux pour ses cheveux, et des ronces sous ses pas. On peut déjà voir que personnages et dons sont nettement plus nombreux, mais l'histoire ne s'arrête pas là : Martiella a un frère à la cour qui vante la beauté et le pouvoir de sa sœur auprès du roi, lequel la fait appeler. Pendant le voyage en bateau, la mauvaise tante jette sa nièce par-dessus bord et lui substitue sa propre fille. Le roi, dégoûté des dons de Puccia, punit le frère en l'envoyant garder les oies. Mais Martiella n'est pas morte : sauvée par une sirène,

1 Charles Perrault, préface à l'édition de 1695, non paginée.

2 Giambattista Basile, « Le Doie Pizzelle », *Lo Cunto de li cunti*, éd. Michele RAK, Milan, Garzanti, 2013 [1986], p. 772-787.

elle est retenue prisonnière par une sorcière des mers. Le jour, la jeune fille vient sur le rivage et nourrit en secret les oies de son frère. Le roi intrigué par la taille des bêtes finit par découvrir la jeune fille. Il scie la chaine d'or qui la retient à sa gardienne, et l'épouse. Un récit simple mais riche de rebondissements, que va d'abord emprunter L'Héritier pour le mettre au service de sa propre rhétorique. En effet, sa réécriture intitulée *Les Enchantements de l'éloquence ou les effets de la douceur*[3] est l'occasion d'un plaidoyer pour la culture mondaine, ses romans, son art de la conversation, et surtout, sa douceur. Cette douceur qui se présente comme un « naturel », en réalité extrêmement policé et capable d'éviter le double écueil du pédantisme et du populacier selon le terme de Marc Fumaroli[4]. Cette nouvelle, par sa taille et l'épaisseur des personnages, peut être lue comme un petit roman, un « roman d'ascension sociale doublé d'un roman d'éducation[5] ». L'histoire s'ouvre sur la mort de la mère, une femme douce et bien née dont Blanche a hérité des qualités, et du nécessaire remariage de son père, gentilhomme ruiné, avec une bourgeoise argentée. La marâtre et sa fille, Alix, martyrisent la pauvre enfant. Elle trouve pourtant les ressources de lire durant ses courtes nuits et parachève ainsi son éducation. Un jour qu'elle va à la fontaine, elle est blessée par un chasseur maladroit – un prince – qui tombe sous le charme de son beau langage. Il lui envoie pour la soigner sa marraine-fée, également conquise par les manières de la demoiselle. S'en suivra alors l'ultime épreuve de la fontaine où une autre fée, pompeusement appelée « Eloquentia Nativa » récompense la bonne fille et punit la mauvaise. Perrault est très proche de L'Héritier, sa nièce et estimée collègue ; Ute Heidmann a montré comment les deux écrivains se répondent dans leurs textes respectifs :

> *Les Enchantements de l'éloquence, ou les effets de la douceur*, répond selon moi à la première écriture des *Fées* de 1695, que la narratrice cite en signalant le passage en italiques. Perrault répond à son tour à la nouvelle de sa nièce en

3 Marie-jeanne L'Héritier De Villandon, *Œuvres meslées, contenant L'innocente tromperie, L'avare puni, Les enchantements de l'éloquence, Les aventures de Finette, nouvelles, et autres ouvrages en vers et en prose, de Mlle L'H***, avec le Triomphe de Mme Des Houlières, tel qu'il a été composé par Mlle L'H****, Paris, Guignard, 1696.

4 Marc Fumaroli, « Les enchantements de l'éloquence : *Les Fées* de Charles Perrault ou De la littérature », *Le Statut de la littérature, mélanges offerts à Paul Bénichou*, Genève, Droz, 1982.

5 *Id.*, p. 176.

apportant en 1697 des modifications significatives aux *Fées*, dont l'ajout d'une deuxième moralité[6].

Il est aujourd'hui impossible de savoir exactement dans quel sens s'est jouée l'influence, ou s'il s'agit d'une « compétition amicale[7] » comme le suggère Marc Fumaroli ; nous ne pouvons que conclure avec Jean-Michel Adam à « une seule certitude, celle de l'étroit dialogue entre Perrault et L'Héritier[8] ». Cependant, Perrault resserre son conte à l'extrême, et ce faisant, le place au-dessus des débats littéraires de l'époque pour lui donner une portée plus large. Le traitement de l'épreuve en est significatif. Basile en utilise deux : l'épisode de la fontaine, puis le séjour dans la mer où la jeune fille, prisonnière, apprend la patience. L'Héritier n'utilise que la première partie, mais elle double en revanche le passage à la fontaine : elle y associe le motif courtois de la blessure d'amour et inscrit ainsi sa fontaine dans la tradition française du roman de chevalerie. Au Moyen Âge, la féerie est toujours liée à un point d'eau, rivière, île, source, et la margelle figure la marge par excellence, le lien symbolique entre l'ici et l'au-delà. C'est sur ces marges que s'accomplit ou se révèle le destin. L'Héritier exploite le motif, le déploie, quand Perrault le condense. Dans sa version, une cadette défavorisée par sa mère va à la fontaine et rencontre une pauvre femme à qui elle offre civilement à boire. La fée se révèle et lui offre le don qu'à chaque parole il lui « sortira de la bouche ou une Fleur, ou Pierre précieuse[9] ». La mère envoie alors son aînée, sa préférée, mais la jeune fille rabroue la belle dame qui se présente à elle et se trouve affublée de la malédiction que de chaque mot sortira « ou un serpent ou un crapaud[10] ». Chassée du logis, la première rencontre un prince quand la seconde ira mourir au coin d'un bois. En somme chez Perrault, un seul verre d'eau signe le destin des deux jeunes filles.

Cette simplicité, en revanche, se double d'un jeu de miroir infiniment complexe. Marc Soriano lance à partir du lapsus du titre « Les Fées » – un pluriel alors qu'il n'y a qu'une fée dans l'histoire – une enquête

6 Ute Heidmann, Jean-Michel Adam, *Textualité et intertextualité des contes, op. cit.*, p. 47.

7 Marc Fumaroli, « Les enchantements de l'éloquence : *Les Fées* de Charles Perrault ou De la littérature », *Le Statut de la littérature, op. cit.*, p. 164.

8 Ute Heidmann, Jean-Michel Adam, *op. cit.*, p. 170.

9 Charles Perrault, *op. cit.*, p. 109.

10 *Id.*, p. 113.

sur la gémellité dans les contes de Perrault et en déduit une obsession personnelle liée à l'existence d'un frère jumeau mort-né[11]. Si le pluriel est en effet troublant, des hypothèses moins psychanalytiques et plus littéraires sont envisageables. Le pluriel pourrait donner « une signification générale[12] » comme le propose Marc Fumaroli, ou il pourrait s'agir d'une allusion à la proposition de L'Héritier, qui contient effectivement deux fées. Même, dans le contexte métatextuel et polémique de l'écriture de ces contes, *Les Fées* pourraient être l'ensemble des femmes de lettres qui participent de ce que Marc Fumaroli a appelé la « Renaissance féminine[13] », à un moment où « la littérature moderne et française est femme, à la fois savante et mondaine ». Le pluriel est en tout cas le premier des dédoublements qui diffractent le texte à l'infini… Rien que dans la présentation des personnages : une mère a deux filles, l'une est le reflet de son père, l'autre le reflet de sa mère, chacune incarne un double reflet humeur / visage, et les deux jeunes filles, finalement, se reflètent de manière inversée l'une l'autre. À partir de là, leur parcours sera à la fois strictement identique et inverse : l'une trouve l'amour, l'autre la mort. La fontaine est au fond le pivot, le moment où la jeune fille mire sa vraie nature dans l'eau qui reflète et révèle, car, comme le dit Bachelard, « C'est en se tenant assez longtemps à la surface irisée que nous comprendrons le prix de la profondeur[14] ». L'ensemble du conte apparait alors comme un grand jeu de reflets où tentent de se définir le bien et le mal. Car si la belle fille est aussi la bonne fille, c'est sous les traits d'une paysanne que la fée apparaît pour la récompenser, et la belle dame cache au contraire une fée vengeresse. L'adéquation du physique et de l'âme, questions qui sera au centre de *Riquet à la Houppe* apparaît déjà ici. Si l'âme et le corps sont en adéquation, les places des jeunes filles n'étaient pas les bonnes et c'est la fée agent du destin qui va rétablir les équilibres. La dynamique édifiante repose de fait sur le principe chrétien de la récompense : la fée accomplit sur Terre les promesses du ciel, et l'épreuve de la fontaine peut être lue comme un nouveau baptême. Michel Butor y voit un rééquilibrage de l'ordre de l'*exemplum* :

---

11 Marc Soriano, *Les Contes de Perrault culture savante et traditions populaires*, Paris, Gallimard, 1968.

12 Marc Fumaroli, *op. cit.*, p. 165.

13 *Id.*, p. 171.

14 Gaston Bachelard, *L'Eau et les Rêves*, Paris, José Corti, 1942, p. 16.

> Monde à l'envers, monde exemplaire, la féerie est critique de la réalité durcie. Elle ne demeure pas à côté de celle-ci, elle réagit sur elle ; elle invite à la transformer, à remettre à l'endroit ce qui, en elle, est mal placé[15]

Cette toute-puissance féerique est remise en cause dans les réécritures modernes, et les fées elles-mêmes doivent parfois subir des épreuves. C'est le cas notamment dans *La Fée du robinet*, un conte que publie Pierre Gripari en 1967. Il s'ouvre sur un rappel historique de la place des fées dans la société :

> Il était une fois une fée, une gentille petite fée, qui vivait dans une source, pas très loin d'un village. Vous savez n'est-ce pas, que la Gaule autrefois n'était pas chrétienne, et que nos pères les Gaulois adoraient les fées[16].

Il y est question des fêtes païennes, puis de l'arrivée du christianisme et de l'interdiction faite aux villageois de « porter des offrandes et de venir danser autour de la source[17] ». Devant la désobéissance des plus anciens, le curé finit par dresser une croix sur le lieu et récite des formules censées chasser la fée. Mais le temps des chrétiens passe lui aussi, et un beau jour des ingénieurs de passage remarquent que l'eau est abondante et claire. Les ouvriers arrivent :

> Ils enlevèrent la croix, qui les gênait pour travailler, puis ils captèrent l'eau de la source et l'amenèrent, par tuyaux, jusqu'à la ville.
>
> C'est ainsi que la fée se retrouva, un beau jour, dans une canalisation qu'elle suivit à l'aveuglette, pendant des kilomètres, en se demandant ce qui avait pu arriver[18].

Dans ces quelques lignes, Gripari retrace le passage sociétal : « au génie des sources fait alors place l'ingénieur des eaux[19] », et le titre qui semblait jouer d'un oxymore burlesque synthétise finalement ce parcours. Le pacte de lecture qui se noue dans cette introduction avec le lecteur est particulièrement intéressant. L'auteur utilise la fonction didactique, avec un style

15 Michel Butor, « La Balance des fées », *Répertoire I*, Paris, Éditions de Minuit, 1960, p. 65.

16 Pierre Gripari, « La fée du robinet » [1967]., *La Sorcière de la rue Mouffetard et autres contes de la rue Broca*, Paris, Gallimard, 1987, p. 85.

17 *Ibid.*

18 *Id.*, p. 86.

19 Jean-Philippe Pierron, « Qu'est-ce que l'eau ? », consultable en ligne : http://www.h2o.net/magazine/culture-mythes-et-realites/qu-est-ce-que-l-eau.htm (consulté le 28/04/2021).

oratoire qui perce à travers des expressions phatiques comme « Vous savez, n'est-ce pas ? », mais il y superpose une fonction comique qui permet de nouer une relation de complicité. L'humour, très présent, s'avère lui-même souvent ambivalent, s'adressant à un double lectorat enfant et adulte. Ainsi dans ce passage : « elle aurait pu aussi bien tomber dans une chasse d'eau et, dans ce cas, au lieu de la fée du robinet, elle serait devenue la fée des cabinets[20] », le trait scatologique se double d'un clin d'œil savant au *Cabinet des Fées* du Chevalier Mayer[21]. Mais le passage, gagne surtout en efficacité de par sa double nature spatiale et temporelle, où le thème aquatique relie le village gaulois à la ville moderne. L'eau, symbole du temps nietzschéen de l'éternel recommencement, est à la fois toujours différente et toujours la même. Elle passe et elle reste. Cette ouverture figure une continuité du monde sans en renier l'historicité, et introduit la merveille par les voix du quotidien. On reconnaît ici le style de Gripari et sa capacité à mêler les univers de références réalistes et fictionnels. Dans son robinet, la petite fée conserve les attributs des personnages magiques : « robe mauve, ailes de libellule [...] baguette surmontée d'une étoile d'or[22] ».

Dumas et Moissard dans leur réécriture intitulée « Le don de la fée Mirobola[23] » posent également la coexistence de la magie et du banal, dans une introduction là aussi fort intéressante :

> Il y a encore, de nos jours, quelques Fées en exercice. Je ne parle pas des grosses dames qui lisent dans le marc de café, je parle des Fées, des vraies, qui ont une belle robe constellée de diamants et une baguette magique et qui vous apparaissent dans un tourbillon de lumière.
>
> Seulement l'époque n'est plus très propice aux féeries. Les gens aujourd'hui ne s'intéressent qu'à la science. Ce qui les épate, c'est une voiture qui monte à 200 à l'heure ; un crapaud changé en prince charmant ne ferait pas trois lignes dans le journal. Alors les Fées se sont faites les plus discrètes possibles, elles ont rangé leurs belles robes et tout le matériel de Fées et elles n'usent de leurs pouvoirs qu'en cas d'urgence, et sans le moindre tourbillon de lumière. Elles travaillent incognito[24].

L'extrait montre comment les auteurs maintiennent la dimension merveilleuse de leur récit tout en l'inscrivant dans la dimension réaliste :

---

20 Pierre Gripari, *op. cit.*, p. 88.

21 41 volumes parus en 1785 et 1789.

22 Pierre Gripari, *op. cit.*, p. 88.

23 Philippe Dumas, Boris Moissard, *Contes à l'envers*, *op. cit.*, p. 27-42.

24 Philippe Dumas, Boris Moissard, *op. cit.*, p. 27-28.

le narrateur réfute dans un premier temps la féerie de foire et le charlatanisme des diseurs de bonne aventure, épousant ainsi le point de vue des sceptiques. Il accuse ensuite ces mêmes sceptiques d'aveuglement : les miracles de la science et de la technologie ont effacé ceux des fées. Enfin, il ancre la fée moderne dans une topographie précise, presque administrative, comme preuve vérifiable de l'aventure magique :

> Il en est une qui s'appelle Mme Mirobola et qui vit à Paris à deux pas de la place des Vosges, à l'angle de la rue des Tournelles et de la rue Lavandières-St-André, au-dessus du pressing qui fait le coin à cet endroit[25].

Le clin d'œil intertextuel est discret mais efficace : des « lavandières » de Saint-André au « pressing » moderne, c'est encore et toujours l'eau qui fait le lien, avec cette fois l'idée d'un nettoyage, allégorique du baptême purificateur et prophétique ici de la conversion des personnages : le bourreau d'enfant deviendra un père idéal tandis que la prostituée endossera le rôle de la mère. L'eau, ici encore, sert de lien, elle est le fil du merveilleux, elle est selon les mots de Jean-Philippe Pierron :

> un connecteur symbolique qui contribue à solidariser le temps des hommes et le grand temps du monde. Les grands rites cultuels et culturels s'en souviennent. L'eau dans cette vertu d'origine nous reconduit à notre expérience de l'habiter[26]

Comme chez Pierre Gripari, l'abstraction de la démonstration s'enracine dans un lieu précis où va s'accomplir la merveille. Comme chez Pierre Gripari, la fée doit s'adapter à la société des hommes et à ses évolutions. Cette approche rationaliste, presque darwinienne, de l'évolution des fées exploite les référents partagés comme les attributs ou les modes opératoires pour les adapter au nouvel écosystème qu'est la ville moderne. La fée de Gripari reste, en quelque sorte, inadaptée : vêtue à l'ancienne mode, elle se reconnaît elle-même comme « dépassée » et accumule les erreurs. Elle doit finalement se trouver un enchanteur pour les réparer. La fée de Dumas et Moissard est davantage intégrée à la faune urbaine. Elle appartient même aux nouveaux stéréotypes urbains : il s'agit en réalité d'une prostituée, motif bien connu de la pute au grand cœur, véritable Marie-Madeleine de l'âge industriel.

---

25 *Ibid.*

26 Jean-Philippe Pierron, « Qu'est-ce que l'eau ? », consultable en ligne : http://www.h2o.net/magazine/culture-mythes-et-realites/qu-est-ce-que-l-eau.htm (consulté le 28/04/2021).

Les jeunes filles non plus n'ont pas fondamentalement changé. Chez Gripari, Martine, l'aînée, gourmande et mal élevée, se lève la nuit pour chaparder dans le frigo, quand sa jeune sœur Marie est sage et bonne. La différence est que ces jeunes filles d'aujourd'hui ne se laissent plus si facilement catégoriser… Martine est nettement plus maline que son homologue perraldienne. Lorsqu'elle voit les beaux habits de la fée, elle se dit « Attention ! Cette dame est une belle dame, et, j'ai tout intérêt à être bien avec ! » avant de lui répondre obséquieusement « avec un sourire hypocrite[27] ». La fée, qui a perdu l'usage du monde, se laisse prendre à cette fausse bonté et lui offre le don des perles. Inversement, elle interprète le refus de la cadette comme une effronterie et la condamne aux serpents. Mais là où la fée faillit, le *fatum*, le destin redistribue les récompenses : le don de Martine excite la concupiscence d'un voyou qui l'enlève et l'exploite, quand celui de Marie lui permet de rencontrer un jeune chercheur de l'institut Pasteur, véritable chevalier des temps modernes. La réécriture du conte brouille les cartes du bien et du mal, soulignant la relativité de ces notions, tout en restant finalement fidèle au schéma initial puisque les bons sont récompensés et les méchants punis.

On pourrait penser que ce conservatisme moral est lié au public visé, la jeunesse, et aux visées pédagogiques qui lui sont traditionnellement attachées. En réalité, l'on retrouve exactement le même schéma axiologique dans la nouvelle pour adultes d'Ariane Gardel « L'effet des faits[28] ». Là encore, le déplacement est à la fois temporel dans l'époque contemporaine et géographique puisque l'histoire se déroule à Paris. L'eau y est partout : du canal Saint-Martin où la nouvelle débute, au robinet du lavabo où le verre d'eau est offert à la vieille femme, en passant par la perversion du champagne qui est bu « aussi naturellement que de l'eau du robinet[29] » et qui signe le destin de la mauvaise sœur. Ici encore, la démonstration repose sur l'opposition antinomique de deux caractères symptomatiquement appelés Lune et « L'autre[30] ». Le jeu de reflet se double ici de miroitements métatextuels : Lune serait la fille de Perrault, quand L'autre serait celle de Fanchon, le personnage

27 Pierre Gripari, *op. cit.*, p. 89.

28 Ariane Gardel, « L'effet des faits », *Les contes de Perrault revus par…*, Paris, La Martinière, 2002, p. 101-118.

29 *Id.*, p. 105.

30 *Id.*, p. 101.

des *Souhaits ridicules.* Drôle d'accouplement ici, qui célèbre les noces de l'auteur et de son personnage ! Ces deux représentantes de jeunes filles modernes permettent de redéfinir les notions de bien et de mal aujourd'hui : Lune est entièrement tournée vers les autres, elle prend le temps de secourir les gens dans la rue et va, deux fois par semaine, faire de l'accompagnement de fin de vie dans un hôpital. Son *alter ego* négatif, au contraire, est entièrement tournée sur elle-même et s'est juré « d'être la femme la plus reconnue » car « son but ultime, absolu, était de devenir star[31] ». C'est finalement la cadette qui se retrouvera propulsée au rang d'écrivain à succès quand l'aînée finira cloitrée dans son appartement. Le balancier axiologique est donc ici encore rééquilibré, et même souligné par une sorte de conclusion morale : « Et c'est ainsi que Lune et L'Autre finirent leur vie à l'image de leur nature[32] ». La notion d'image est particulièrement présente dans cette nouvelle, avec son avatar axiologique : l'hypocrisie. Là où les personnages perraldiens agissaient en fonction de leur nature, et non du déguisement de la fée, on a vu que la petite protagoniste de Gripari ajuste sa réponse à l'apparence de l'interlocuteur. Chez Ariane Gardel, la question du masque devient un véritable leitmotiv. « L'Autre » est dans un monde tout d'apparences, celui de l'art contemporain, avec ses soirées mondaines et ses vêtements griffés, tandis que Lune vit comme des expériences intimes les simples poésies affichées dans le métro. « L'autre » est fausse, « elle idolâtrait par dessus tout le superficiel » et « se pavanait, jubilait à dire tout haut du bien de certains et penser tout bas du mal de tout le monde[33] ». La tentation est grande d'opposer l'art populaire du métro à l'élitisme des galeries, ou même la vérité des mots à l'artifice des images, mais la fée finale, celle qui punit l'aîné, prend l'aspect d'un célèbre critique d'art américain, et rompt l'opposition en plaçant le débat à un autre niveau :

> Vous n'êtes pas digne de la beauté, mademoiselle. L'art se mérite. Il demande du travail, de l'amour, de la générosité. Trois qualités que vous n'aurez jamais. Vous n'êtes rien[34] !

31 *Id.*, p. 105.
32 *Id.*, p. 118.
33 *Id.*, p. 105.
34 *Id.*, p. 115.

La beauté de l'âme et du visage se double ici de celle de l'art. Nous retrouvons ainsi ce qui était sous-jacent dans l'hypotexte perraldien, mais surtout développé dans la version de L'Héritier, qui double le conte d'un sous-entendu métatextuel. *Les Fées* est un texte sur le bien et le mal, mais c'est aussi, et avant tout, un texte sur le beau, la douceur étant une valeur esthétique autant qu'éthique.

Gripari joue avec cette dimension métatextuelle et l'intègre à la sphère langagière de son public : Martine est condamnée à dire des perles, quand Marie aura la langue qui fourche. Les perles peuvent être grosses quand la fillette dit des gros mots, ou irrégulières quand elle prononce mal, tandis que les serpents deviennent venimeux quand le mot est méchant. L'auteur s'amuse avec son jeune lecteur des expressions idiomatiques et de la polysémie des adjectifs et propose, en quelque sorte, un cours d'éloquence actuelle. Avec Ariane Gardel, le don est également linguistique : Lune se voit offrir une machine à écrire et écrit « sept ans durant, en silence, en secret[35] ». L'eau des fées est ici source d'Hippocrène, celle des muses, celle qui donne l'inspiration. Passées les sept années d'incubation, période traditionnelle de mise à l'épreuve dans l'univers du merveilleux, l'œuvre peut naître au grand jour. C'est son voisin qui découvre la jeune autrice et la presse d'envoyer son travail à un éditeur. Le succès sera foudroyant. L'aînée, de son côté, boit le contenu de la coupe en argent que lui tend le critique américain après l'avoir publiquement humiliée : « Allez, buvez donc cette coupe de champagne, cela vous donnera peut-être le courage que vous n'avez jamais eu[36] ». Et en effet, elle se retrouve affublée d'une étrange malédiction : elle ponctue chacune de ses phrases d'une insulte, extériorisant malgré elle le mépris qu'elle a du genre humain, son venin personnel. Cette sincérité incontrôlable la condamne à la solitude. Les mots, dans les deux cas, permettent de communiquer, de partager, une intériorité qui aurait pu rester cacher derrière le jeu des apparences. Le don des fées ne rééquilibre pas seulement les places de chacune, mais accorde aussi leur voix à ce qu'elles sont.

Dans les contes à l'envers de Dumas et Moissard, la situation est nettement plus complexe. Fuyant la pensée manichéenne, les deux auteurs aiment à brouiller les cartes pour que la morale elle-même se

35 Ariane Gardel, *op. cit.*, p. 115.
36 *Ibid.*

retrouve sens dessus dessous. La fée de leur conte se nomme Mirobola, et si son nom la rattache étymologiquement à la notion de « merveille » (du latin *mirabilia*, « chose admirable »), il s'agit en réalité d'un surnom lié à un tout autre type d'activité :

> Mme Mirobola passe toute la journée chez elle, on ne sait pas trop ce qu'elle fabrique ; mais quand vient le soir (vers 7 heures) elle se met du rouge aux joues, elle enfile son manteau de lapin, elle sort, et marche inlassablement autour du pâté de maisons jusqu'à une heure avancée de la nuit, car une fée a besoin de prendre l'air, il en a toujours été ainsi[37].

Le narrateur fait mine d'emprunter le regard naïf de l'enfant, mais il s'adresse par-dessus son épaule à un lecteur averti qui reconnaitra dans ce personnage la figure d'une prostituée. Inversement, le rôle de l'antagoniste est endossé par un respectable professeur de physique-chimie, M. Crocheux, décrit comme un « homme terrible qui héberge un neveu, Jean-François, dont il est tout ensemble l'hôte, le tuteur et surtout le tortionnaire tout puissant[38] ». Les mots sont forts, mais à la hauteur des actes : nous avons ici affaire à un véritable cas de maltraitance infantile, punitions corporelles comprises. Hormis le nom des rues et la mention du pressing, l'eau est discrète dans cette version, remplacée par le feu des cigarettes. Le renversement est conforme au postulat de base de la réécriture inscrit dans le titre : les contes sont « à l'envers ». L'enfant croise donc la fée en allant chercher des cigarettes pour son oncle. Mais elle lui offre en revanche le don de pleurer de l'argent liquide ! Les perles et diamants ont glissé vers une version plus prosaïque, mais la fonction reste la même. Comme dans le conte de Gripari, le don excite la convoitise du bourreau et se retourne contre l'enfant, de sorte qu'à la seconde rencontre, elle change le don : il pleurera désormais des cigarettes et rira des billets. Un double renversement qui va métamorphoser le bourreau en véritable boute-en-train, changeant la nature de son cœur, et l'amenant à demander Mme Mirobola en mariage. *Happy End*, donc, mais tiré par des ficelles nettement moins limpides que dans les deux autres réécritures : il aura fallu passer par la prostitution, le sadisme et le tabagisme. Des trois versions, c'est clairement celle-ci, destinée aux enfants, qui est la plus subversive.

---

37 Philippe Dumas, Boris Moissard, *op. cit.*, p. 30.
38 *Id.*, p. 28.

Le conte de Perrault, comme celui de L'Héritier, était un apologue prédictif : il dictait aux jeunes filles comment se comporter. Les trois réécritures remettent sur le métier les questions fondamentales de l'hypotexte : le bien est interrogé chez Dumas et Moissard, la valeur des dons est remise en cause chez Gripari et Gardel épingle le diktat des apparences. Pourtant, les trois œuvres restent étonnamment fidèles au schéma axiologique d'origine : le modèle prôné reste celui de l'humilité et de l'obéissance. Et même, pour les protagonistes féminins, la reconnaissance du don et sa consécration se font par un mariage. Dans la nouvelle de Gardel c'est un voisin qui découvre la jeune fille et ses sept romans achevés, et l'aventure se conclut sur une ultime marque d'humilité : « le bonheur de vivre avec l'homme qu'elle aimait combla Lune bien plus que la gloire et la richesse[39] ». Mariage aussi chez Gripari où la bonne fille épouse le jeune chercheur de l'Institut Pasteur pour servir les recherches de son mari, et où la fée épouse un enchanteur. Et mariage enfin chez Dumas et Moissard où la prostituée-fée épouse le tortionnaire repenti. La dualité initiale de l'hypotexte est maintenue, renforcée même par le jeu des renversements et la multiplication des péripéties, mais elle revient toujours à la conclusion initiale, qui elle est univoque : les gentils seront récompensés et les méchants punis. Une preuve par deux d'une démonstration à sens unique.

39 Ariane Gardel, *op. cit.*, p. 116.

CENDRILLON

La métamorphose d'une souillon

Les folkloristes ont souligné la proximité des contes de *Peau d'Âne* et de *Cendrillon* en leur assignant une position voisine dans la classification Aarne-Thompson, respectivement AT 510 B (catégorie « L'Habit d'or, d'argent et d'étoiles ») et AT 510 A. Les points de rencontre sont en effet ces robes (offertes par le père ou la marraine) révélant la beauté sous la suie, puis l'épreuve de l'objet (anneau/chaussure) de reconnaissance. Ce dédoublement explique l'absence de *Peau d'Âne* du recueil de 1697, qui aurait pu paraître redondant, et *Cendrillon* est en quelque sorte une deuxième version, la première en prose, là où *Peau d'Âne* était davantage un exercice rhétorique et générique, véritable étendard des Modernes dans le contexte de la Querelle. Mais *Cendrillon* déplace d'autres lignes, et le passage d'un conte à l'autre relève bien plutôt de la transformation générique : l'histoire se déplace du conte de restauration, le modèle médiéval aux valeurs féodales, au conte d'ascension, modèle moderne consacrant un destin individuel. En effet, la jeune fille que met en scène Charles Perrault n'est pas une princesse, contrairement à *Peau d'Âne*, ou même à *La Belle au Bois dormant*, elle n'est que fille de gentilhomme. Sa famille appartient à cette classe intermédiaire qui fleurit dans le Paris du XVIIe siècle et loge dans ses hôtels particuliers. Nino Alfano, spécialiste en morphologies urbaines, propose de situer sa demeure à l'Hôtel Chalon dans le Marais. L'adresse est invérifiable, mais elle est représentative de la situation particulière de ce quartier : il bénéficie de la proximité du Louvre et de la politique de renouvellement urbain de Louis XIII, logeant durant une bonne partie du siècle le personnel de la cour, et synthétise ainsi la naissance de la culture classique et bourgeoise du Grand Siècle. Le succès de ce conte particulier répond ainsi aux mutations profondes des mentalités de classe au XVIIe siècle, avec la naissance du concept d'évolution sociale. Nous avons vu que Ruth Bottigheimer situe son apparition dans la Venise du XVIe siècle sous la plume de Straparola, mais qu'elle reste alors de l'ordre de la fiction, reléguée dans un passé lointain et merveilleux, dans la mesure où le mariage en dehors de sa caste était alors strictement interdit[1].

Avec Perrault, l'histoire s'installe dans un présent reconnaissable et répond à une actualité qui voit le transfert de pouvoir d'une aristocratie féodale qui n'existe plus vers une bourgeoisie qui s'échappe peu à peu de sa condition laborieuse par les achats de charges ou les mariages. En cela, le conte de *Cendrillon* préfigure ce qu'accomplira le roman : il exalte l'individu, offre une voix aux classes moyennes et donne forme à leur aspiration d'ascension sociale. C'est ainsi d'un monde nouveau que Perrault ouvre la porte, et il le décrit avec un évident plaisir. Contrairement aux quelques traits traçant le quotidien de ses paysans ou de ses princesses, il s'attarde au cadre de Cendrillon et double la présentation de son héroïne de celle de sa maison :

> c'estoit elle qui netoyoit la vaisselle & les montées, qui frottoit la chambre de Madame, & celles de Mesdemoiselles ses filles : elle couchoit tout au haut de la maison, dans un grenier, sur une méchante paillasse, pendant que ses sœurs estoient dans des chambres parquetées, où elles avoient des lits des plus à la mode, & des miroirs où elles se voyoient depuis les pieds jusqu'à la teste [...] Lors qu'elle avoit fait son ouvrage, elle s'alloit mettre au coin de la cheminée & s'asseoir dans les cendres, ce qui faisoit qu'on l'appelloit communement dans le logis Cucendron. La cadette, qui n'estoit pas si malhonneste que son aînée, l'appelloit Cendrillon[2].

Perrault ancre son héroïne dans la réalité la plus concrète, énumérant les taches de la jeune fille et doublant d'emblée l'opposition de Cendrillon et de ses sœurs par l'opposition de leurs chambres. Le registre réaliste est encore consolidé par la présence du détail vrai que représente le miroir et qui renvoie au nouveau meuble à la mode : la psyché. Perrault installe ainsi sa fable dans un univers familier, dans le Paris le plus moderne.

Mais le conte de *Cendrillon* est aussi, et peut-être avant tout, un conte de la réussite au féminin, et l'habit, comme pour *Grisélidis* ou *Peau d'Âne*, y tient une place particulière. Le motif est présent dans les

---

1 « *The marriage of members of the nobility outside their legally-defined group had been effectively, and legally, forbidden since the 1520s. On the contrary Straparola's stories proposed that a poor boy or girl could, with magical intervention, marry a prince or a princess in a faraway land and become rich* » Ruth B. Bottigheimer, *Fairy Tales. A New History*, New York, State University of New York Press, 2009, p. 93.

2 Charles Perrault, *Histoires ou Contes du temps passé, op. cit.*, p. 120-121.

sources italiennes à travers la caisse à vêtements de *La Gatta Cenerentola* de Basile. Zezolla, jeune fille adorée par son père, est délaissée après que celui-ci se soit remarié à une mégère. Elle se confie à sa maîtresse de broderie, qui lui suggère ce stratagème :

> *Come esce patreto, dì a matreiata ca vuoi no vestito de chille viecchie che stanno drinto lo cascione granne de lo retretto, pe sparagnare chisto che puorte 'n cuollo. Essa, che te vo' vedere tutta pezze e peruoglie, aprerà lo cascione e dirrà : – Tiene lo copierchio. E tu, tenennolo, mentre iarrà scervecanno pe drinto, lassalo cadere de botta, ca se romparrà lo cuollo*[3].
>
> « Quand ton père sera sorti, demande à ta belle-mère une des vieilles robes qui sont dans le grand coffre du cabinet de toilette, et dis que c'est pour ménager celle que tu as sur le dos. Comme elle aime à te voir en haillons, elle ouvrira le coffre et te dira : "Tiens le couvercle." Tandis qu'elle sera en train d'y fureter, tu laisseras tomber le couvercle, et il lui cassera le cou[4]. »

Zezolla exécute le crime et la maitresse de broderie épouse le père. Celle-ci cependant se révèle être une marâtre pire que la première et, surtout, elle ramène ses six filles cachées qui vont prendre l'affection du père de l'héroïne. Zezolla se retrouve à servir sa belle-famille, se reposant près des cendres, où elle gagne son surnom de *gatta cenerentola*, « chatte cendreuse ». Cependant, une colombe fée veille sur elle et lui offre une datte : grâce à une formule magique l'arbre qui en sortira pourra la vêtir somptueusement. À trois reprises, pour trois jours de fête, elle fait appel au dattier, à trois reprises elle se fait remarquer par le prince et s'enfuit, la troisième fois en perdant sa chaussure.

Perrault reprend la trame mais en l'inscrivant dans un monde proche de ses contemporains. Il se plait à emprunter le ton badin d'une chronique de mode lors des préparatifs des sœurs pour le bal. On évoque les artisans avec « la bonne coëffeuse[5] » et sa pratique de « dresser des cornettes à deux rangs », ou même « la bonne faiseuse » chez qui sont achetées les mouches, le conteur passe en revue les tissus utilisés, le « velours rouge », la « garniture d'Angleterre », puis le « manteau à fleurs d'or », et s'intéresse aux accessoires avec la « barrière de diamants ». Perrault ajoute le détail plaisant des douze lacets rompus dans l'espoir

---

3 Giambattista Basile, *Lo Cunto de li cunti*, édition *de* Michel Rak, Milan, Garzanti, 1995, p. 54.

4 Traduction de Charles Deulin, *Les Contes de ma mère l'Oye avant Perrault*, *op. cit.*, p. 298.

5 Charles Perrault, *Contes et Histoires du Temps passé, op. cit.*, p. 122-123.

d'avoir la taille plus fine. Mais tout cela concerne les belles-sœurs, et non Cendrillon. Pour Cendrillon il n'y a plus d'ouvrier, la baguette magique suffit. Perrault s'amuse à retarder le moment de la métamorphose, il repousse avec beaucoup de malice la révélation de la robe de Cendrillon, créant par là même un effet d'attente chez ses lecteurs. La marraine s'occupe d'abord de la citrouille, puis des souris qui deviennent un attelage d'« un beau gris de souris pommelé[6] », puis du rat et de sa « maîtresse barbe[7] » et enfin des lézards aux « habits chamarez[8] ». L'auteur s'amuse à tisser tout un réseau de connexions comiques entre l'univers prosaïque du potager et l'univers merveilleux du carrosse doré. Ce n'est qu'au moment de partir que la jeune fille doit rappeler sa marraine à l'ordre : il manque la robe !

> Sa maraine ne fit que la toucher avec sa baguette, et en même tems ses habits furent changez en des habits de drap d'or et d'argent, tout chamarrez de pierreries[9]

D'un coup de baguette magique, la marraine a transformé les haillons en une robe de grand prix, mais il ne nous sera rien dit de plus. Les regards d'envie qui couvrent la jeune fille au bal marquent le succès de l'opération, sans satisfaire pour autant la curiosité du lecteur : « les dames estoient attentives à considerer sa coëffure et ses habits, pour en avoir, dés le lendemain, de semblables, pourveu qu'il se trouvast des étoffes assez belles et des ouvriers assez habiles[10] ». Le conte avec ce coup de baguette se débarrasse du babillage galant pour entrer dans quelque chose de plus resserré, un symbole sur lequel chaque génération découpera son propre modèle. Symptôme de ce resserrement, l'imaginaire actuel, passé au prisme des studios Disney, n'a gardé qu'une seule robe là où le conte de Perrault en comptait, comme pour *La Gatta Cenerentola*, et comme pour *Peau d'Âne*, trois. Celle du premier bal que nous venons d'évoquer, puis celle du second bal où Cendrillon va « encore plus parée que la premiere fois[11] », et enfin au moment de l'essayage de la pantoufle, lorsque la marraine revient et « ayant donné un coup de sa baguette sur les habits de Cendrillon, les fit

6 *Id.*, p. 127.
7 *Id.*, p. 128.
8 *Id.*, p. 129.
9 *Id.*, p. 130.
10 *Id.*, p. 133.
11 *Id.*, p. 139.

devenir encore plus magnifiques que tous les autres[12] ». Description laconique s'il en est, ces différentes robes ne sont en réalité qu'une gradation, qui aboutit naturellement à la robe unique, symbole par excellence de la métamorphose. De la robe de bergère de Grisélidis, qui couvre pudiquement les grivoiseries de la nouvelle de son ancêtre Griselda, à celles de *Peau d'Âne* qui magnifient et célèbrent la puissance du roi, jusqu'aux robes proprement féeriques de *Cendrillon* qui offrent à l'infortunée une reconnaissance personnelle, la robe passe progressivement d'un pouvoir de filiation, vers un principe au contraire d'individualisation où la robe féerique devient une récompense, et le pivot entre une vie de soumission et une place au palais, une roue de Fortune en somme.

Notons que chez Basile, Zezolla se rendait à des fêtes publiques, et rien n'indique qu'elle descendait de son carrosse, au contraire : le prince, lorsqu'il la remarque, envoie son serviteur après elle, mais la jeune fille détale grâce à son puissant attelage. Le bal est une scène inventée par Perrault, une scène de génie qui incarne la Roue de Fortune en quelques tours de danse et qui va devenir le *topos* de l'entrée de la jeune fille dans la vie adulte, une scène que nous pourrions qualifier avec Mikhaïl Bakhtine de « chronotope » :

> Dans le chronotope de l'art littéraire a lieu la fusion des indices spatiaux et temporels en un tout intelligible et concret. Ici, le temps se condense, devient compact, visible pour l'art, tandis que l'espace s'intensifie, s'engouffre dans le mouvement du temps, du sujet, de l'histoire. Les indices du temps se découvrent dans l'espace, celui-ci est perçu et mesuré d'après le temps. Cette intersection des séries et cette fusion des indices caractérisent, précisément, le chronotope de l'art littéraire[13].

Le bal de Cendrillon apparaît comme le chronotope de la réussite, il condense un lieu, le château, et un temps, limité par la permission de minuit. Si le motif de la chaussure se retrouve dans nombre de contes de diverses origines, ceux du palais et de l'heure signent la version perraldienne, et essentialisent le motif du bal. Ce bal traversera les siècles suivants et le monde du roman : Emma Bovary, Angelica Sedara, Lol V. Stein, font toutes l'expérience du bal fondateur, que ce soit de leur réussite ou de leur échec, la Roue de Fortune tournant dans les deux sens.

12 *Id.*, p. 145.
13 Mikhaïl Bakhtine, *Esthétique et théorie du roman*, Paris Gallimard, 1987 [1978], p. 235.

La danse va également se répandre, contaminer le reste du récit, et nombre de réécritures remplacent l'univers du palais par celui du spectacle. C'est le cas de *Cucendron*[14] de Vincent Ravalec, où le grand bal se déroule à Cannes durant le festival, mais aussi de la pièce de théâtre *Cendrillon dépoussiérée*[15] de Suzanne Rominger où la fête est l'occasion d'un casting pour un film. Du ballet de Prokoviev[16] au blockbuster hollywoodien pour adolescents *Another Cinderella Story*[17], la danse sort même parfois de la scène du bal pour devenir l'axe central de la vie de la jeune fille et la raison de son ascension : l'histoire de Cendrillon devient celle d'une étoile. Le monde du spectacle, qui sort des inconnues de l'ombre pour les placer sous les projecteurs de la gloire, fait office de nouveau mythe. Les schémas restent très semblables, et il est curieux de noter comme la modernisation n'implique pas vraiment une remise en cause du statut de la femme : elle a toujours besoin d'être reconnue et prise en main par le prince, qu'il soit à présent réalisateur, star ou chorégraphe. C'est ce que Colette Dowling dénonce dans son « Complexe de Cendrillon » :

> *Psychological dependency – the deep wish to be taken care of by others – is the chief force holding women down today. I call this ' The Cinderella Complex" – a network of largely repressed attitudes and fears that keeps women in a kind of half-light, retreating from the full use of their minds and creativity. Like Cinderella, women today are still waiting for something external to "transform their lives*[18]*"*

> « La dépendance psychologique – le désir profond d'être prise en charge par les autres – est aujourd'hui la principale force qui maintient les femmes vers le bas. Je l'appelle "Le Complexe de Cendrillon" – un ensemble d'attitudes et de peurs largement refoulées maintenant les femmes dans une sorte de pénombre, qui empêche la pleine utilisation de leur intelligence et de leur créativité. Comme Cendrillon, les femmes d'aujourd'hui attendent encore de quelque chose d'extérieur vienne "changer leur vie" »

Ainsi la pièce de Suzanne Rominger où l'autrice a voulu « dépoussiérer » le conte, avec une marraine intergalactique qui secoue sa filleule et l'incite à envoyer paître les insupportables belles-sœurs, s'ouvre et

14 Vincent Ravalec, « Cucendron », in *Les contes de Perrault revus par…*, *op. cit.*, p. 119-154.
15 Suzanne Rominger, *Cendrillon dépoussiérée*, Paris, Retz, 2004.
16 Serge Prokoviev, *Cendrillon*, 1945.
17 Damon Santostefano, *Another Cinderella Story*, 2008.
18 Colette Dowling, *The Cinderella Complex : Women's Hidden Fear of Independence*, New York, Pocket Books, 1981, p. 21. Je traduis.

se ferme sur la chanson « Un jour mon prince viendra[19] »… L'entrée en matière est particulièrement saisissante. Cendrillon, seule dans la cuisine chante et danse avec son balai :

> Cendrillon
> « Un jour mon prince viendra… »
> La voix « off » [de la marraine], *l'interrompant.*
> Et tu y crois ?
> Cendrillon
> Pardon ? *(Elle écoute, puis hausse les épaules, croyant avoir rêvé.)* « Un jour mon prince viendra… »
> La voix « off »
> … Et s'il te voit dans cet état, il prendra ses jambes à son cou[20] ! !

Si c'est d'abord la teneur même de la célèbre chanson du premier long métrage de Walt Disney, *Blanche Neige et les sept nains*, que semble mettre en cause la marraine, sa seconde réplique accuse au contraire le manque de féminité de la jeune souillon. La suite du récit et l'épisode de la robe vont dans ce sens. Cendrillon, qui fait « un tout petit 36 », reçoit une « très jolie robe » puis une didascalie nous signale que la jeune fille se regarde « *affolée parce que la robe est trop courte, ou trop décolletée, ou trop transparente selon le cas*[21] ». Cette pièce de théâtre qui s'adresse à des lecteurs de 8-10 ans rappelle bien les principes de base pour aguicher le mâle, sans oublier le « petit coup de peinture pour camoufler [sa] mine de papier mâché[22] ».

Le parti pris de Roberto Innocenti pour sa *Cendrillon*[23] parue en 1983 est nettement plus subversif. L'album semble à première vue très proche de la proposition de Perrault : le texte original est conservé, l'illustrateur opère simplement un déplacement spatio-temporel. Sa Cendrillon habite la Londres du début du siècle. Comme Perrault, l'illustrateur prend un malin plaisir à multiplier les tâches ménagères : Cendrillon lave le linge à la page de titre, fait les carreaux à la page suivante, et sur la page d'après elle repasse en vignette et étend le linge en pleine page. Enfin, le réalisme du traitement est l'un des traits les plus évidents du travail de

19 Suzanne Rominger, *op. cit.*, p. 5 & 32.
20 *Id.*, p. 5.
21 *Id.*, p. 15.
22 *Id.*, p. 16.
23 Roberto Innocenti, *Cendrillon*, Paris, Grasset, coll. « Il était une fois », 1983.

Roberto Innocenti. L'espace est saturé de détails : de la rouille du seau, au fer qui chauffe, en passant par les colliers de la tuyauterie… Mais le réalisme chez lui n'est pas un ornement gratuit, un défi esthétique. L'illustrateur en réfute tout à fait l'idée. Ainsi, lorsqu'on évoque son étiquette d'hyperréaliste il répond :

> *Direi proprio di no, non m'interessa né come linguaggio né come tecnica. Se nei miei disegni c'è molto realismo, significa semplicemente che non ho lavorato abbastanza bene*[24].
>
> « Je crois vraiment que non, ça ne m'intéresse ni comme langage, ni comme technique. S'il y a beaucoup de réalisme dans mes dessins, cela signifie simplement que je n'ai pas assez bien travaillé. »

Le réalisme n'est donc pour lui qu'un entre-deux, une donnée qu'il faut mettre à distance, et la distance la plus évidente qu'il instaure ici est celle du temps. La fonction première du registre réaliste consiste en effet à créer pour le lecteur un sentiment de familiarité. C'est sans doute le cas pour Perrault avec ses miroirs en pied, mais ce n'est pas du tout celui de Roberto Innocenti. L'album, paru en 1983, ne propose pas au jeune lecteur un monde qu'il connaît : il situe sa Cendrillon dans le Londres des années Folles. L'idée viendrait d'une envie de s'amuser :

> *Cenerentola è eterna, ma l'idea di farla nascere nel 1908-1910 mi divertiva di più. Una data di nascita – mi sono detto – ed è sistemata : ha circa settant'anni. Del resto le fiabe sono scritte senza tempo e tutti i tempi sono possibili*[25].
>
> « Cendrillon est éternelle, mais l'idée de la faire naitre dans les années 1908-1910 m'amusait davantage. Une date de naissance – me suis-je dit – et c'est réglé : elle a environ soixante-dix ans. Du reste, les contes sont écrits hors du temps et tous les temps sont possibles. »

Le jeu est fécond, car ce que l'illustrateur questionne à travers ce choix, c'est la temporalité. La maison de Cendrillon que décrit Perrault, et qui correspondait à l'idée de maison moderne pour ses contemporains, est confrontée à une maison moderne des années 20. La cheminée est remplacée par un poêle à bois sur lequel chauffe un fer à repasser mécanique et, sur la droite, le dernier cri en matière de technologie : un meuble radiophonique. Mais cette modernité-là est dépassée pour

---

24 Propos recueillis par Paola Vassali, « Conversazione con Roberto Innocenti », *Roberto Innocenti, Le prigioni della storia*, Bologne, Grafis Edizioni, 1989, p. 22. Je traduis.

25 *Id.*, p. 18.

le lecteur de 1983. Ainsi, en modernisant à moitié un conte ancien, Roberto Innocenti y glisse l'idée de relativité. Il refuse à la fois le confort du réalisme et les facilités du Moyen Âge en carton-plâtre qui abritent en général les histoires de princesses et de rois. Le « il était une fois » n'est finalement pas si loin.

Par ailleurs, en proposant une Cendrillon qui aurait soixante-dix ans à la date de la publication, Roberto Innocenti tisse le lien d'hier à aujourd'hui. Cette héroïne pourrait être pour le jeune lecteur une ancêtre au sens premier du terme : une grand-mère. Par un retournement de situation, la grand-mère a abandonné le rôle de conteuse du coin du feu pour endosser les strass du rôle principal. Si l'affirmation d'un conte « hors du temps » et de « tous les temps[26] » pouvait faire craindre une vision essentialiste écrasante, il n'en est finalement rien. La distance qui est maintenue entre le texte de Perrault et les images d'Innocenti ouvre au contraire la voie à un dialogisme intersémiotique fécond où vient se glisser une foule de discours seconds, souvent mordants : la cécité du voisinage dans la première double page, l'alcoolisme de la belle-mère la page suivante, ou encore la scène de bal qui multiplie les clins d'œil ironiques sur les abus de la monarchie anglaise, notamment le colonialisme. Cette dénonciation devait sonner particulièrement d'actualité en ces années 80 où le couple du prince Charles et de Diana Spencer occupait les devants de la scène médiatique. Notons qu'à l'occasion, les comparaisons avec *Cendrillon* allèrent bon train, et refleurirent une génération après au mariage de Kate et de William, puis de Megan et Harry.

L'élection de jeunes filles ordinaires au rang de princesse reste un puissant motif narratif. L'idéal égalitariste sur lequel se fonde la démocratie entraine paradoxalement le fantasme de l'élection. Mais l'intertextualité change la donne en invitant à une prise de distance qui est aussi une prise de conscience. Ce qui était utopique chez Straparola et révolutionnaire chez Perrault, est devenu dans la société capitaliste, une injonction normative : la méritocratie a remplacé l'aristocratie. En reprenant le conte de *Cendrillon* dans un contexte moderne et en exhibant ses ficelles, les auteurs contemporains interrogent ses fondations. Qu'est-ce que le succès ? Qu'est-ce que le bonheur ? L'argent ? Le pouvoir ? Chacun à sa façon invite son public, jeunesse ou adulte, à envisager la pluralité des

26 « senza tempo », « tutti i tempi », *Ibid.*

réponses en remettant en cause le modèle unique. Paradoxalement, c'est à partir de « scénarios intemporels et universels[27] » que se révèlent l'historicité des contes et l'évolution des mentalités dont ils sont le reflet. Mais il ne s'agit pas simplement de prendre un conte et de l'actualiser, l'enjeu est bien plutôt de les faire jouer ensemble, c'est la variation qui intéresse ici les auteurs.

Une autre tentative de mise à distance intéressante, et radicalement différente, est la saga jeune adulte écrite par Marissa Meyer : *Les Chroniques lunaires*[28]. Ses quatre romans principaux revisitent chacun un personnage de conte sur le mode de la science-fiction : Cendrillon devient une cyborg[29], Le Chaperon Rouge la petite-fille d'une agent secret[30], Raiponce une pirate informatique[31], et Blanche-Neige une princesse de la Lune[32]. Quatre femmes, quatre portraits, qui sont aussi quatre couples : les ficelles de la romance restent extrêmement présentes, mais sont redistribuées. Cendrillon, l'héroïne principale de la tétralogie, se nourrit des nouveaux modèles de la littérature pour adolescents : elle est, à l'instar de Katniss Everdeen[33] ou Beatrice Prior[34], une révolutionnaire sur laquelle repose le destin du monde, quand son prince endosse le rôle de demoiselle en danger. La scène du bal est tout à fait exemplaire de ce mouvement paradoxal d'adhésion et de renversement : Cinder, invitée par le prince, refuse d'y aller car elle redoute que sa nature de cyborg soit révélée. Elle s'y rend cependant, lorsqu'elle apprend que le prince est en danger, et ce malgré les avertissements un peu mystérieux d'un docteur qui lui a demandé de rester éloignée du palais tant que la terrible reine Levana, dictatrice de la Lune, y serait. En effet, l'arrivée au bal de Cinder relève du scénario catastrophe. Renversant le chronotope de la révélation, Marissa Meyer fait subir à son personnage une scène d'humiliation et la jeune fille finit en prison, son pied cyborg abandonné sur les marches du palais. Il ne s'agit cependant que du premier tome,

27 *Id.* p. 121.

28 Marissa Meyer, trad. Guillaume Fournier, *Chroniques lunaires*, PKJ, 2013-2016 [*The Lunar Chronicles*, 2012-2015].

29 Marissa Meyer, *Cinder*, Londres, Puffin Books, 2012.

30 Marissa Meyer, *Scarlet*, Londres, Puffin Books, 2013.

31 Marissa Meyer, *Cress*, Londres, Puffin Books, 2014.

32 Marissa Meyer, *Winter*, Londres, Puffin Books, 2015.

33 Héroïne de la trilogie de Suzanne Collins, *Hunger Games*, New York, Scholastic, 2008-2010.

34 Héroïne de la trilogie de Veronica Roth, *Divergent*, New York, Harper Collins Publishers, 2010-2013.

et au fil des trois suivants cette terrible scène prendra un nouveau sens : l'animosité de la reine Levana et les réactions de son corps que Cinder ne maitrise pas révéleront alors sa véritable identité, elle est la princesse Selene, l'héritière perdue du trône lunaire. Le tout dernier tome se clôt sur la perspective du prochain bal où elle va, cette fois, parée de toute sa légitimité : sauveuse de son peuple, reine de la Lune et fiancée du prince. Cette complexification du personnage suit une féminisation du lectorat jeune adulte qui exige un renouvellement des modèles sans renoncer pour autant au plaisir du même. L'hybridation avec le genre de la dystopie sort le conte du merveilleux et oblige à redéfinir fonctions et enjeux. En toile de fond se dessine un discours politique : les formes du pouvoir, le contrôle des opinions, les responsabilités des dirigeants… Comme Anne Besson le souligne, la science-fiction met en scène des « avenirs sombres ou faussement radieux », s'attachant à ce qui « *pourra/pourrait* se produire, un jour, ailleurs » et se distingue ainsi du fantastique ou de la fantasy « par sa rationalité affichée, celle du paradigme scientifique[35] ». Les contes, pourtant, relèvent du surnaturel. Pourquoi cette combinaison alors ?

L'hybridation est au fondement du projet poétique de Marissa Meyer. Adepte des fanfictions[36], c'est à l'occasion du NaNoWrimo[37] 2008 qu'elle met en place les éléments de sa saga en réécrivant des contes classiques sur un mode futuriste. Les références hypotextuelles assurent une cohérence globale au projet. Leur présence motive les romances qui se nouent et ajoute une tension narrative : l'ombre hypotextuelle pèse comme une fatalité, et les citations qui ouvrent les différentes parties résonnent à la manière d'antiques oracles. Le lecteur tremble pour Scarlett, la nouvelle Chaperon Rouge, malgré toutes les déclarations de bonnes intentions de son amoureux Wolf, un jeune homme aux yeux doux et aux canines affutées. Hormis ces clins d'œil, la tétralogie s'inscrit parfaitement dans le genre de la Science-Fiction. Le futur offre un écran de projection politique et Meyer y inscrit les tensions d'un monde sous continuelle menace de guerre. Guerre avec les Lunaires, à travers la terrible figure de

35 Anne Besson, « Aux frontières du réel : les genres de l'imaginaire », *La Revue des livres pour enfants*, n° 214, décembre 2013, p. 91.

36 Elle est l'autrice de quarante fanfictions de Sailor Moon sous le pseudonyme d'Alicia Blade : www.fanfiction.net/u/658410/Alicia-Blade (consulté le 28/04/2021).

37 Projet d'écriture créative en ligne auquel participe chaque année des milliers de passionnés : https://nanowrimo.org (consulté le 28/04/2021).

la reine Levana, mais luttes aussi internes, contre les préjugés. Le motif de l'homme artificiel est une manière privilégiée d'interroger l'humanité et l'inhumanité. Il est ici élevé au rang d'organisation sociale, avec une série de personnages paradoxaux : de l'inhumaine marâtre pourtant parfaitement humaine, à l'attachante Iko, l'androïde à la personnalité bien trempée, en passant par la nature hybride de Cinder, régulièrement désignée comme la fille cyborg. Les contes posent une ombre rassurante sur ces inquiétants possibles, ils « enracinent le récit dans un substrat familier tout en lui conférant une légitimité » parce que « en parlant de l'ailleurs on parle toujours de notre passé et de notre présent[38] ». L'association des deux genres crée une sorte de boucle : même dans le futur, les histoires commencent par « Il était une fois[39] ».

De la quête des origines, aux fantasmes futuristes, les réécritures de Perrault ne cessent finalement d'interroger l'humanité. Qu'il s'agisse de la place des loups en ville ou de celle des hommes sur la Lune, nous revenons sans arrêt aux mêmes questions : les réécritures modernes s'intéressent aux rapports sociaux et la quête personnelle s'articule à celle du vivre ensemble. Ce sont les rapports entre humains, leurs hiérarchies, leurs valeurs, qui sont continuellement interrogés. Le faible et le fort, le beau et le laid, le bon et le mauvais, sont toujours remis sur le métier et chaque système redéfinit ses monstres et ses héros. Les bois disparaissent, les villes les remplacent, mais l'humain reste et la vie continue d'y palpiter : ses pulsions, ses répulsions, ou même simplement ses canalisations… Tout un monde qui se colore de la mémoire des contes et assure à l'homme moderne des racines spatiales et temporelles avec, comme le préconisait Bachelard, une touche de « vacances d'irréalité[40] » pour donner de l'air au réel.

38 Anne Besson, *op. cit.*, p. 92.

39 Dossier de presse pour la sortie de *Cinder.*

40 Gaston Bachelard, *L'eau et les rêves, op. cit.*, p. 34.

RIQUET À LA HOUPPE

Le triomphe de la laideur

Malaimé du recueil en prose, *Riquet à la Houppe* est celui qui a le moins intéressé la postérité et qui a le moins suscité de critiques et de réécritures. Il s'agit pourtant d'un conte tout à fait fascinant. Le cadre de son apparition dans la littérature française est en soi tout un conte, avec une mise en scène énonciative des plus intéressantes. En 1696, c'est-à-dire un après que Perrault a remis son manuscrit d'apparat à Mademoiselle, et alors qu'il est en train de travailler à l'impression de ses contes, Catherine Bernard publie un roman galant pseudo-historique intitulé *Inès de Cordoue, nouvelle espagnole*[1]. L'ouverture présente la cour de Philipe II, et met sur le devant de la scène les deux favorites de la reine : Inès de Cordoue et Léonor de Silva. Cette dernière tombe amoureuse du beau Marquis de Leme, qui lui préfère Inès. L'intrigue est nouée et le roman sera tout entier construit sur les manigances de Léonor pour contrarier les amours de Leme. Or cette rivalité nait autour d'une séance de contes, lorsqu'une joute est organisée et que le sort désigne les deux jeunes filles pour y participer. C'est l'occasion d'un point métatextuel :

> on convint de faire des regles pour ces sortes d'Histoires, dont voici les deux principales.
>
> Que les aventures fussent toûjours contre la vray-semblance, & les sentiments toûjours naturels ; on jugea que l'agrément de ces contes ne consistoit qu'à faire voir ce qui se passe dans le cœur, & que du reste il y avoit une sorte de mérite dans le merveilleux des imaginations qui n'estoient point retenuës par les apparences de la verité[2].

Cette définition placée en introduction entre en écho avec le roman-cadre, prétendument historique mais en réalité tout entier tourné sur

1 Catherine Bernard, *Inès de Cordoue, nouvelle espagnole*, Paris, Jouvenel, 1696.

2 Catherine Bernard, *Inès de Cordoue, nouvelle espagnole*, Paris, Jouvenel, 1696, Genève reprint Slatkine 1979, p. 7-8.

la peinture des sentiments, et dessine en arrière-plan une définition de la littérature galante, avec sa volonté de placer la vérité du sentiment au-dessus de tout autre type de savoir. Inès raconte l'histoire du *Prince Rosier*, Léonor celle de *Riquet à la Houppe*. Le Marquis, qui est tombé amoureux d'Inès, complimente son conte, et ne dit rien de celui de sa rivale. *Riquet à la Houppe* est d'emblée un conte rejeté. Léonor, outragée, décide de se venger. On ne sait rien de la réaction du reste des auditeurs, mais les deux contes, comme l'ensemble du roman d'ailleurs, offrent une vision pessimiste de l'amour : jalousie, trahison, mensonge, tout le monde finit victime, les innocents comme les intrigants.

Riquet à la Houppe de Catherine Bernard repose sur un *topos* galant : celui de l'amour qui donne de l'esprit. Mama est fille unique d'un grand seigneur de Grenade, elle est très belle mais son idiotie éloigne les gens. Un jour elle rencontre un gnome qui lui promet de l'esprit à condition qu'elle l'épouse dans un an. Mama accepte et, devenue intelligente, choisit un amant. Le terme fixé elle peut ou redevenir idiote ou épouser Riquet qui se révèle le roi des gnomes et qui lui présente son royaume : une caricature grimaçante de la vie de cour. Mama accepte sa main par vanité, elle craint que son amant ne la repousse si elle retourne à son premier état. Elle s'arrange cependant pour le faire venir sous terre et vit une double vie la nuit. Quand Riquet les découvre, il change l'amant en gnome. La morale ressort plus du fabliau que du conte : « Les amans à la longue deviennent des maris[3] ». Le personnage de Riquet est particulièrement sombre. L'héroïne fait sa rencontre en ces termes : « Elle vit sortir de la terre un homme assez hideux pour paroître un monstre[4] », et plus tard, le délai d'un an passé, il se présente : « Je suis le Roy des Gnomes, vous en serez la Reine[5] ». Il appartient à une galerie d'êtres fantastiques bien connue de l'époque qui associe quatre types de créatures aux quatre éléments : les nymphes pour l'eau, les sylphes pour l'air, les salamandres pour le feu, et les gnomes pour la terre[6]. Nouvelle Proserpine, la jeune fille se trouve donc contrainte à vivre sous terre auprès d'un homme qui semble tenir du diable sa laideur, sa richesse et sa puissance. La figure du gnome selon Emmanuelle

3 *Id.*, p. 61.
4 *Id.*, p. 47.
5 *Ibid.*, p. 57.
6 Montfaucon de Villars, *Comte de Gabalis ou Entretiens sur les sciences secrètes*, 1670.

Sempère « implique une densité charnelle[7] » : « il est la laideur même, obscène par ce trop-plein de présence, incarne en quelque sorte le désir monstrueux de l'épousée[8] ».

Le personnage est très différent chez Perrault. Une reine donne naissance à un fils très laid, mais une fée la rassure : l'enfant sera riche d'esprit et pourra en donner à celle qu'il aime. Dans un royaume voisin, deux filles naissent l'une belle puis une autre laide, la même fée assure que la première sera stupide et la cadette spirituelle. La reine essaye de négocier un peu d'intelligence pour son ainée, mais la fée lui propose qu'elle rende beau celui qu'elle aime. Tous les pions sont en place. Comme Mama, l'aînée est délaissée à cause de son manque d'esprit. Un jour elle rencontre Riquet qui lui en propose contre une promesse de mariage. La jeune fille accepte et devient brillante, au bout d'un an elle essaye de revenir sur sa parole grâce à son habilité rhétorique mais Riquet lui dit que son amour lui apportera la beauté et la demoiselle accepte. Le conte se clôt sur une ambiguïté : la métamorphose de Riquet ne serait-elle pas le fruit d'un regard amoureux ? Selon Emmanuelle Sempère Perrault, et à sa suite Leprince de Beaumont, « habillent et civilisent la chair du gnome par la bonté et l'intelligence[9] ». Son Riquet n'est plus un être surnaturel. Le texte ouvre sur sa naissance qui le pose comme fils de reine, et si le royaume se demande « s'il avoit forme humaine[10] » c'est bien parce qu'il est humain ! L'homme tombe amoureux d'un portrait de la princesse et l'aborde « avec tout le respect et toute la politesse imaginable[11] ». Et quand la jeune fille reçoit le don, elle entame « dés ce moment, une conversation galante et soûtenuë avec Riquet à la houppe[12] ». Perrault conserve le caractère tellurique du personnage avec le festin du mariage qui se prépare sous terre, mais à aucun moment il n'est suggéré que le royaume d'où il vient est celui des enfers et que la jeune fille devra l'y suivre. Au contraire, le désappointement de la mère de Riquet à la naissance prouve que sa laideur est de l'ordre de l'anormalité, anormalité qui sera d'ailleurs réparée par le don de la

7 Emmanuelle Sempère, *De la merveille à l'inquiétude, le registre du fantastique dans la fiction narrative au XVIIIe siècle*, Bordeaux, P.U.B., 2009, p. 297.

8 *Ibid.*

9 *Id.*, p. 298.

10 Charles Perrault, *op. cit.*, p. 50.

11 *Id.*, p. 159.

12 *Id.*, p. 164.

princesse, ou son regard. Riquet à la Houppe devient sous la plume de Perrault un personnage positif à qui il ne manque que la beauté. Il devient ainsi l'exact contraire, et donc le complémentaire, de la jeune fille. Cette redistribution rééquilibre l'échange et permet un jeu de miroir plus subtil allant au-delà de l'effet saisissant que constitue le couple oxymorique de la belle et de la bête qui passionne l'époque[13] : la bête n'est pas bête, alors que la belle, elle, l'est. L'esprit, qui était chez Catherine Bernard une malice, et une manière de rouler l'autre, devient tout autre chose avec Perrault : une attention à l'autre, de la galanterie. Ce conte, l'avant-dernier du recueil, et le dernier des contes adultes puisque le livre se clôt sur le *Petit Poucet*, offre finalement une vision apaisée du couple.

Riquet à la Houppe est un conte complexe, difficile. Il n'a pas l'efficacité dépouillée des *Fées*, sans montrer pour autant l'exubérance ornementale de la *Belle et la Bête*. Si le public connaît son existence, force est de constater qu'il n'apparaît pas dans la multiplication des réécritures pour le jeune public. Il va en revanche intéresser davantage la littérature générale où il sera une manière de dire le couple, de situer ses attirances et ses répugnances, et de définir l'amour par la question du désir. La terre apparaît alors comme un espace de jouissance, avec un Riquet capable d'incarner la part sombre, inavouée, de la sexualité. Trois auteurs s'y essayent, deux femmes et un homme, tous trois nés entre 1948 et 1949, et donc ayant tous trois vécu la révolution sexuelle de 1968, ils dressent au seuil de la maturité, un point sur le désir aujourd'hui. Lydie Salvayre, prix Goncourt 2014, propose en 2002 une nouvelle intitulée *De l'avantage d'être laid*[14]. Son Riquet, prince de l'immobilier, tombe amoureux d'une belle idiote et lui faire croire aux fées pour l'emmener dans son lit. L'année d'après, Catherine Millet poursuit dans la veine autobiographique qui lui a valu son succès médiatique en passant son enfance au tamis du conte dans *Riquet à la houppe, Millet à la loupe*[15]. Enfin en 2015, Gérard Mordillat écrit une nouvelle intitulée *La Véritable Histoire de Riquet à la Houppe*[16]. Tous les trois se servent de la figure

13 Line Cottegnies, Tony Gheeraert, Gisèle Venet, (dir.), *La Beauté et ses monstres dans l'Europe baroque 16ᵉ-18ᵉ*, Paris, Presses de la Sorbonne Nouvelle, 2003.

14 Lydie Salvayre, « De l'avantage d'être laid », *Les contes de Perrault revus par…*, p. 157-171.

15 Catherine Millet, *Riquet à la houppe, Millet à la loupe*, Paris, Stock, 2003.

16 Gérard Mordillat, « La Véritable Histoire de Riquet à la Houppe », *Remake. Leurs contes de Perrault*, Paris, Belfond, 2015, p. 11-29.

ambiguë du gnome amoureux pour interroger le couple : l'attirance, la beauté, la bêtise, entrent dans un jeu kaléidoscopique pour tenter de saisir les facettes mouvantes du désir. Cet homme des profondeurs, ce séducteur par la parole puisqu'il conduit à lui les jeunes filles selon l'étymologie du verbe *seducere*, ce serpent, peut-être même, qui offre à d'innocentes Èves le don de la connaissance, rencontre à l'aube du vingt-et-unième siècle un écho particulier, entre libération de la sexualité et exploration de l'inconscient.

Lydie Salvayre et Gérard Mordillat transposent tous deux le conte de Perrault dans un contexte moderne. Pour Salvayre, Riquet est un prince qui se passionne pour « l'étude du marché de l'immobilier des bureaux en région Ile-de-France[17] ». Sa meilleure amie, « personne laide et fort mal agencée », lui présente sa sœur « belle et triste », et « très idiote[18] ». Riquet tombe amoureux et après avoir en vain cherché secours auprès de la philosophie (il lit Spinoza, Locke, Sartre et Hume), il décide d'opter pour « une solution complètement conne à laquelle sa connerie devrait connement adhérer[19] » : il invente l'histoire du don des fées et la presse de l'épouser. La fille accepte mais Riquet aussitôt regrette : « la perspective d'un mariage avec une imbécile le rend littéralement fou[20] ». En parallèle, le charme a opéré. La jeune fille, sous l'effet de l'amour, s'est transformée : « Elle lit Nietzsche, Deleuze et Peter Sloterdijk[21] », « Les mondains se l'arrachent. Les penseurs la consultent[22] ». Devenue une intellectuelle accomplie, les courtisans ne l'intéressent pas quand elle se souvient avec émotion de Riquet. L'histoire les abandonne amoureux et à l'hôtel, avec comme conclusion l'ironique : « C'est du joli[23] ! ». Cette réécriture suit finalement d'assez près la trame de l'hypotexte. La dynamique est également celle du dénouement heureux chez Gérard Mordillat, mais elle s'inscrit davantage dans une veine pornographique. Le sexe était aussi présent chez Salvayre, avec un vocabulaire direct (Riquet pense à sa belle « chaque nuit en se branlant[24] ») et lucide sur le

17 Lydie Salvayre, *op. cit.*, p. 157.
18 *Id.*, p. 158.
19 *Id.*, p. 164.
20 *Id.*, p. 165.
21 *Id.*, p. 167.
22 *Ibid.*
23 *Id.*, p. 171.
24 *Id.*, p. 161.

désir (« ce que je veux, c'est la baiser[25] »). Mais le sexe est véritablement au cœur de la nouvelle de Mordillat, à la fois but et moyen. En effet, le « sirop miraculeux[26] » qui apporte à la jeune fille l'intelligence est le sperme que Riquet lui administre par voie orale, puis rectale, avant d'ouvrir « la voie royale de la connaissance[27] », « la porte du savoir[28] », le vagin. Difficile de savoir dans quelle mesure l'auteur parodie ici les étapes de développement revendiquées par la pensée psychanalytique, mais il en ressort une sorte de caricature qui fait saillir les sous-entendus sexistes. Dans cette version, Riquet est le rejeton miraculeux d'une famille nombreuse logeant au onzième étage de la tour Perrault[29]. Riquet maitrise le langage et s'en sert pour tromper Gogolita, une belle fille idiote, qui est en réalité plutôt attardée tant son idiotie prend les traits de l'enfance :

> Sa chambre était celle d'une fillette gâtée pourrie avec peluches et poupées Barbie sur un lit tout rose coiffé d'un baldaquin ; elle s'habillait en jupette et socquettes, culotte bouffante, suçait une tototte pour s'endormir et avait un popot pour faire pipi… Si elle lisait, c'était *Martine à la plage* ; si elle chantait, c'était « Promenons-nous dans les bois » ; si elle dansait, c'était à la ronde, à la ronde de chez nous ; si elle dessinait, c'était Papa Maman Bébé[30]…

La jeune fille, au fil de son aventure, traverse l'adolescence : elle envoie balader ses parents, change de look, refait la décoration de sa chambre, et l'histoire se termine sur un transfert de bosse : « par un phénomène aussi curieux qu'admirable, tandis que son ventre s'arrondissait la bosse de Riquet diminua jusqu'à disparaître tout à fait[31] ». Ici aussi la fin entérine un rééquilibrage entre l'homme et la femme, de leurs attributs respectifs : l'intelligence et la beauté. Comme Lydie Salvayre treize ans plus tôt, Gérard Mordillat propose une actualisation du conte, mais cette fois non plus dans les sphères dorées de la société, mais dans ses bas-fonds : l'ensemble de l'idylle se déroule en effet sur le sol d'une MJC abandonnée. L'inscription sociologique mise à part,

25 *Id.*, p. 166.
26 Gérard Mordillat, *op. cit.*, p. 20.
27 *Id.*, p. 25.
28 *Id.*, p. 26.
29 *Id.*, p. 13.
30 *Id.*, p. 16-17.
31 *Id.*, p. 28.

les deux versions se ressemblent beaucoup et optent chacune pour une fin conforme à l'hypotexte, le mariage en moins, jugé non nécessaire dans l'accomplissement personnel au XXIe siècle.

La démarche de Catherine Millet est très différente. Elle n'actualise pas le conte dans la société moderne, mais dans sa propre vie. Elle l'associe à sa quête autobiographique entamée dans La *Vie sexuelle de Catherine M*[32]. et relit son enfance à l'aune des mythèmes perraldiens. D'abord par son patronyme qui se prononce « mi-laids[33] », puis par sa place dans la famille : elle est la « noirpiaude[34] » quand son frère est blond « séraphin » ; son amour des livres et son parti pris de l'esprit, enfin, ses préférences sexuelles pour les « choses laides[35] ». Le prisme du conte diffracte la lumière d'une vie en une multitude d'images, sur le moi narrant son rapport à soi, à l'autre et à la société. Comme Christine Angot avec *Peau d'âne*[36], Catherine Millet enfile le masque de Riquet pour mieux se révéler. Ce récit, très introspectif, est cependant l'occasion de remises en question plus large, notamment en ce qui concerne les propos sur la beauté, propos où l'on sent poindre la critique d'art. Gérard Mordillat en donne, lui, une vision extrêmement stéréotypée :

> Arrêtons-nous un instant sur son portrait : yeux verts en amande, nez fin aux ailes délicates, bouche sensuelle aux lèvres purpurines, sourire éclatant, des roploplos 95 bonnet D et un faubourg comme on n'en fait plus, de longues jambes et des attaches fines[37].

Un véritable portrait de *bimbo* de magazine, doublé comme nous l'avons vu d'une personnalité de petite fille. Le décalage entre son corps et son esprit est surtout une affaire de maturité, et Riquet se chargera de la lui faire rattraper. Lydie Salvayre est moins directive dans sa définition de la beauté, concept qui reste entièrement subordonné au jugement de l'épris, mais elle fait préciser à son narrateur : « non seulement la sœur de son amie est belle autant que triste, mais elle est très idiote. Ce qui ne fait, bien sûr, qu'ajouter au glamour[38] », articulant par-là de

32 Catherine Millet, *La Vie sexuelle de Catherine M.*, Paris, Seuil, 2001.
33 Catherine Millet, *Riquet à la houppe, Millet à la loupe*, *op. cit.*, p. 13.
34 *Id.*, p. 28.
35 *Id.*, p. 31.
36 Christine Angot, *Peau d'âne*, Paris, Stock, 2003.
37 Gérard Mordillat, *op. cit.*, p. 15.
38 Lydie Salvayre, *op. cit.*, p. 158.

manière originale les deux attributs, et les liants tous deux à la question du désir. Catherine Millet va plus loin en se mettant en scène petite fille en quête de modèle. Les brunes au teint mat, que sa mère pointe dans la rue ou que l'enfant cherche dans les livres, restent des figures de second rang, elles n'endossent jamais le rôle absolu auquel rêve la fillette, qui décide alors de s'inventer elle-même et de « se forger une personnalité secrète qui ne ressemblât à aucune autre[39] ». La question se pose alors sous forme de dilemme : belle ou intelligente ? La femme est sommée de choisir :

> ceux qui méprisent tes idées peuvent en effet ne pas te voir, mais ils peuvent pareillement ne voir en toi qu'un objet séduisant. Dans ce cas, ils te considèrent exactement de la même façon que si tu étais très belle puisque, pour l'esprit commun, on ne peut pas tout avoir et il est entendu qu'une personne qui a la beauté ne saurait avoir en même temps l'intelligence[40].

La scission prend ici aussi un nouveau tour, dans une relation qui n'est pas détachée, mais en corrélation, comme l'image dans le miroir que l'enfant interroge. Car cette image est constitutive du moi, et quand l'enfant choisit l'esprit, c'est qu'elle laisse le corps aux autres :

> Si c'est ainsi, autant choisir ! Et puisqu'il me semble que je contrôle mieux ma pensée, je veux bien me séparer de mon apparence physique et le laisser à la seule appréciation des autres, tandis que je m'appliquerai à être chaque jour plus intelligente[41].

Ce choix renverse le parangon perraldien et inscrit l'héroïne du côté de la sœur cadette, celle laide mais spirituelle que la version de Perrault oublie en cours de récit. Une réhabilitation de l'esprit qui hausse en même temps la femme au niveau de Riquet : Millet n'a pas besoin d'un homme pour lui apprendre à penser, et en effet, aucun prince charmant providentiel n'apparaitra dans son récit. Mais Millet sort encore du paradigme homme/femme pour atteindre à une forme de vivant plus primitif, lorsqu'elle avoue son attirance pour le type « crapaud[42] », ni masculin ni féminin, mais doté d'une « plasticité sexuelle[43] ». Avec cette

---

39 Catherine Millet, *op. cit.*, p. 29.
40 *Id.*, p. 52.
41 *Id.*, p. 53-54.
42 *Id.*, p. 38.
43 *Id.*, p. 39.

affirmation qui sonne comme une provocation, l'autrice passe le désir au scalpel : elle y dégage les mécanismes psychiques en se demandant si « notre imaginaire associe des figures, les marie, afin de nous aider à fixer notre libido sur quelque archétype[44] », mais aussi les normes sociales avec les incohérences qu'elles soulèvent : « pour une raison qui est sans justification morale recevable, qui relève plutôt de l'esthétisme social, avoir du goût pour la laideur est une chose honteuse[45] ». Plus que la relativité, la critique d'art pointe ici l'aporie d'une quête esthétique prise dans les carcans de la norme et d'un pancalisme jamais remis en cause.

Aucune des trois réécritures ne reprend exactement le motif du festin souterrain, mais chacun glisse dans son histoire une part d'obscurité, un merveilleux non lumineux. Gérard Mordillat développe la scène perraldienne de la naissance du héros sur le mode burlesque. « La Grosse Riquette[46] » accouche entre le neuvième et le onzième étage de sa tour un jour qu'elle revient de l'épicerie. La scène regorge de détails sordides, comme la description de la culotte qu'elle n'a pas mise, puis la rupture des eaux qui sont prises pour de l'urine, jusqu'à la naissance : « le truc était sorti en faisant "plop[47] !" ». Le langage châtié avec lequel s'exprime de suite le nouveau-né sonne comme incongru dans cet univers de vulgarité. Mais surtout, l'enfant, une fois attaché à la mamelle maternelle, se met à grandir de manière fantastique :

> Riquet suça si avidement le nibard de sa daronne qu'un quart d'heure plus tard il avait huit ans, seize ans à la demi-heure de pompage et dix-huit quand il fit un si gros rototo que Morphine Seringue crut que c'était le GIGN qui débarquait dans la maison pour l'embarquer.
>
> L'histoire retiendra donc que Riquet passa dans la même journée de la tétine à l'âge adulte, ce qui n'étonna personne chez les habitants du onzième étage de la tour Perrault. Ils en avaient vu d'autres, des vertes et des pas mûres, des barbes bleues, des chaperons rouges, des chats bottés, des hautbois dormants, des peaux d'âme, des cendriers, des cendrillons, des fêtes, des fées, des fêlés des fesses et même un Hollandais membru[48].

Ce trait de merveilleux donne à Riquet un parcours exactement inverse de celui de sa belle qui, elle, s'attarde dans l'enfance. Mais surtout, la

---

44 *Ibid.*
45 *Id.*, p. 30.
46 Gérard Mordillat, *op. cit.*, p. 12.
47 *Id.*, p. 13.
48 *Id.*, p. 14.

naissance fabuleuse creuse et allège un univers réaliste qui flirterait sans cela avec le sordide. Outre la plongée dans la misère sociale, les modalités mêmes de l'idylle sont pour le moins troublantes. Le miracle – le pouvoir magique du sperme – est en réalité une supercherie, un abus de confiance de Riquet se faisant passer pour un docteur, sur une femme-fillette. La dimension pseudo-naïve s'exhibe crument et instaure un climat pesant. La conclusion sous-entend une possible duplicité du personnage féminin : « Je devais être gogole pour éloigner de moi tous ceux qui ne veulent voir que mon apparence[49] », mais la démonstration ne tient guère : au début de la nouvelle, la jeune fille intimide au contraire par sa trop grande beauté, de sorte que les garçons du quartier n'osent l'approcher. L'attirance de Riquet n'est d'ailleurs pas d'une autre nature, seulement il va utiliser son habilité au langage pour embobiner la belle idiote. En bref, être « gogol » n'est pas ce qui éloigne les malintentionnés et le *happy end* sonne quelque peu artificiel. Les choses sont plus claires chez Lydie Salvayre où le sexe et l'amour se superposent peu à peu. Riquet, qui dans un premier temps entretient avec les femmes un rapport de consommateur (« il ouvre son larfeuille, elles lui ouvrent la braguette[50] »), tombe amoureux. Il demande donc la jeune fille en mariage, mais la situation le rend fou : il « devient amer, méchant et susceptible » et triture sa houppe « avec un acharnement proprement infernal[51] ». Le côté sombre de Riquet prend ici l'aspect d'une simple dépression, descente aux Enfers somme toute très ordinaire à base de Playstation, whisky, prozac et « chansons d'Obispo[52] ». Parallèlement, la jeune fille s'élève et la métamorphose encore fait appel au genre pour se justifier. L'autrice s'amuse visiblement avec son public :

> Que s'est-il passé ? Un fait surnaturel ? Un miracle du ciel ? Personne ne croit plus depuis belle lurette aux miracles. Mais alors ? Les enfants comprendront sans qu'on leur explique. Les autres, on les emmerde[53].

Cette manière de se réfugier derrière le masque enfantin du conte est particulièrement savoureuse dans ce conte qui ne s'adresse très clairement

49 *Id.*, p. 29.
50 Lydie Salvayre, *op., cit.*, p. 157.
51 *Id.*, p. 166.
52 *Ibid.*
53 *Id.*, p. 167.

pas à eux ! L'autrice, en quelque sorte, botte en touche sur la question de la rationalité en renvoyant aux codes du genre, comme l'a fait aussi Gérard Mordillat avec sa tour Perrault. D'une manière générale, Lydie Salvayre multiplie les commentaires, notamment par l'usage des parenthèses. Comme chez Perrault, la ponctuation permet de nouer avec le lectorat une complicité qui se situe sur un autre degré d'énonciation. Lydie Salvayre, psychologue de métier, feint de s'interroger naïvement : « Une petite interprétation psychanalytique ici ne serait pas de trop. En triturant sa houppe, que se triture-t-il en vérité ? Sa houppe ne joue-t-elle pas le rôle d'un ersatz ? mais en place de quoi[54] ? », ou encourage parfois son personnage dans un nous incluant le lecteur : « Riquet nous te reconnaissons enfin[55] », quand le propos n'est pas directement métatextuel : « avons-nous signalé que ceci est un conte[56] ? ». Par toutes ces parenthèses, Lydie Salvayre convoque et met à distance les couches d'interprétation du conte. Le rapport à la terre ne s'incarne pas seulement dans son intérêt pour le marché de l'immobilier, il a en lui une profondeur psychologique et intertextuelle que l'autrice s'amuse à exhiber.

Mais c'est encore une fois Catherine Millet qui va exploiter de manière la plus audacieuse le tellurisme latent de l'hypotexte. Il y prend deux aspects fondamentaux. D'abord, une poétique du monde souterrain :

> Quand les enfants de mon âge rêvaient peut-être du château de la Belle au bois dormant ou du palais enchanté de la Bête, je m'imaginais, moi, réfugiée au fond d'un trou à rats[57].

La rêverie du trou à rat rejoint la quête de la grotte qui est à la fois régression et élévation dans l'imaginaire occidental peuplé de Saints se retirant du monde pour mieux renaitre à une vie supérieure : « Ainsi se dessinait mon accession à la sainteté[58] ». L'image saisissante du monstre et du saint, du trou et de la tour, renvoie à l'esthétique sublime d'un Quasimodo au milieu des dentelles de pierre, une image que convoque l'enfant lorsqu'elle s'identifie à Esméralda : « je n'osais pas dire à quel point j'étais folle de Quasimodo[59] ! ». Le bas est paradoxalement le lieu

54 *Id.*, p. 166.
55 *Ibid.*
56 *Id.*, p. 168.
57 Catherine Millet, *op. cit.*, p. 56.
58 *Id.*, p. 56.
59 *Id.*, p. 44.

de l'élévation, la terre lui offre l'espace de sa réalisation, des crapauds qu'elle chérit[60], au fantasme de la femme glaise qu'elle emprunte à Zola : il s'agit, dans *L'Œuvre*[61], de la *Baigneuse* du sculpteur Mahoudeau « qui ne résiste pas à la chaleur du poêle que l'artiste enfin vient d'allumer, et qui tremble et s'écoule douloureusement et amoureusement sur son créateur[62] ». Mais ce paradigme l'entraine sur d'autres territoires, plus intimes : son sexe. L'auteur, myope, ne parvient pas à saisir cette partie du corps dans le miroir, elle l'explore donc comme une taupe, « par la palpation[63] ». Elle lui trouve « une consistance molle[64] », comme « une poignée de pâte à modeler ». L'organe sexuel, ici, incarne la « pâte idéale[65] » de Bachelard, celle qui institue le sujet en « cogito pétrisseur[66] », et ramène à la création de soi : « Tout m'est pâte, je suis pâte à moi-même, mon devenir est ma propre matière, ma propre matière est action et passion, je suis vraiment une pâte première[67] » qui renvoie au récit d'enfance et au motif de la pâte à modeler : « Modelage ! rêve d'enfance, rêve qui nous rend à notre enfance ! On a souvent dit que l'enfant réunissait toutes les possibilités[68] ». La quête des profondeurs s'associe ainsi à une quête de l'enfance, une quête des origines qui trouve naturellement place au creux du vagin. Riquet prend au moins trois dimensions dans ce roman de Millet : il est l'homme laid qui excite son désir, le « hochet sexuel[69] », il est son double par le choix de l'esprit, et il est ce sexe qu'elle appelle « corps second[70] » et qu'elle compare à « un petit animal des profondeurs[71] ». Il est d'abord l'autre, puis soi, puis un sur-moi qui serait plutôt, en l'occurrence, un sous-moi.

C'est cette ultime scission qui va se révéler véritablement fondatrice. En effet, comme pour un accouchement, le lecteur assiste à l'avènement d'une autre personnalité. La narratrice déclare à propos de son organe :

60 *Id.*, p. 38.
61 Émile Zola, *L'Œuvre*, Paris, G. Charpentier, 1886.
62 Catherine Millet, *op. cit.*, p. 41.
63 *Id.*, p. 66.
64 *Ibid.*
65 Gaston Bachelard, *La terre et les rêveries de la volonté*, Paris, Corti, 1948, p. 76.
66 *Id.*, p. 77.
67 *Ibid.*
68 *Id.*, p. 89.
69 Catherine Millet, *Op, cit.*, p. 32.
70 *Id.*, p. 67.
71 *Ibid.*

> Comme il est bien difficile de saisir l'image d'un objet informe, des années plus tard je décidai d'avoir recours aux mots et de lui consacrer tout un livre, ainsi que je l'avais sans doute prévu, longtemps auparavant, quand je m'accroupissais devant la bibliothèque chez mes parents. Il avait fallu que je traverse les images, et que je les laisse, pour trouver ma manière à moi de dire les choses[72].

Ce livre consacré à son sexe est déjà paru, l'autrice retrace la genèse de son premier roman : *La Vie sexuelle de Catherine M.*[73]. Du sexe et de la glaise, nait une écrivaine. L'idée est également présente dans la reconfiguration de Lydie Salvayre, mais transférée sur le personnage. Au moment où la jeune fille s'ouvre à l'intelligence, elle commence par lire, puis « Elle écrit des poèmes et s'essaie à la prose[74] ». Mais surtout, les trois réécritures s'intéressent aux enjeux du langage en germe chez Perrault. Comme pour *Les Fées*, et de manière encore plus poussée, le conte met face à face celui qui maitrise le langage et celle qui ne le maitrise pas, mais l'acquiert avec l'esprit. Or on observe dans les réécritures contemporaines un curieux effet de renversement : là où le conte original représentait un monde parfaitement galant où les réparties de la jeune idiote dissonaient, les auteurs modernes osent au contraire toutes les vulgarités et c'est la préciosité de Riquet qui détonne.

Les trois reconfigurations fonctionnent sur deux systèmes bien distincts : pour Lydie Salvayre et Georges Mordillat, nous sommes dans une simple transformation du cadre socio-spatio-temporel[75]. Ces variations ne remettent pas en cause la trame générale, mais la valident au contraire dans un nouveau contexte. Le principe est très différent chez Catherine Millet qui se réapproprie plus qu'elle ne réécrit le conte. Des rencontres se font pourtant, révélant les points de force du conte, ceux qui rayonnent à travers les siècles et les histoires personnelles. Il s'agit chaque fois de redéfinir les critères du beau et de l'intelligence, et de les articuler à la question du désir. Catherine Millet, quoique moins proche de la trame hypotextuelle, en pousse au plus loin les virtualités.

---

72 *Id.*, p. 67-68.

73 Catherine Millet, *La Vie sexuelle de Catherine M.*, *op. cit.*

74 Lydie Salvayre, *op. cit.*, p. 167.

75 « La transformation du cadre socio-spatio-temporel a des incidences sur les attributs des personnages, leur registre de langage, leurs occupations habituelles, la nature des épreuves qu'ils doivent affronter, voire leurs prénoms » Catherine Tauveron, *Fortune des* Contes *des Grimm en France, op. cit.*, p. 134.

En intégrant le conte à sa mythologie personnelle, elle propose un récit d'enfance original, la mise au monde d'une femme, d'une artiste, mais aussi, et peut-être surtout, d'une voix qui ne craint pas de s'appuyer sur le laid. Plutôt que de se situer dans une généalogie libertine à laquelle les critiques l'associent volontiers, de Sade à Bataille, l'autrice remonte aux racines de la modernité avec Perrault et exploite son potentiel subversif. Contre l'histoire d'Eve et celle de Proserpine, entre le serpent et le dieu, Riquet à la Houppe offre la possibilité d'un équilibre. La femme n'est plus prisonnière de la terre mais devient glaise elle-même, modelant son destin et celui de l'homme qu'elle aime.

LE PETIT POUCET

Tu seras un ogre, mon fils

Nous avons vu que *Le Petit Chaperon Rouge* est le conte de la jeune fille entrant dans l'adolescence, *Le Petit Poucet* en est son pendant masculin. Outre le parallélisme des titres et la traversée du bois initiatique, l'histoire elle-même est celle d'un cadet de famille qui doit se tailler une place dans un monde de bûcherons et d'ogres, un garçonnet qui doit devenir homme. Le conte de Charles Perrault s'ouvre sur l'image d'un foyer fertile, sans veuvage ni mésalliance. Une famille patriarcale où le bûcheron se dédouble dans l'image de sa femme, la bûcheronne, et dans celle de ses sept fils. Mais cette prospérité biologique se heurte à une limite bien sociétale : la pauvreté, et la faim qui va avec. Lorsque la famine arrive, le bûcheron décide d'abandonner le sort de ses enfants au hasard des bois. Là, Poucet et ses frères sont recueillis par l'Ogre, double inversé de leur père. Celui-ci a en effet sept filles, il vit dans l'abondance, et il a, comme il se doit, un appétit d'ogre. Mais cette seconde figure paternelle est elle aussi l'incarnation du danger : celle de la dévoration. Mourir de faim ou être mangé sont les deux écueils entre lesquels le Petit Poucet doit trouver sa place.

Un poucet, six frères, un père, un ogre… Ce casting fort en testostérone résulte d'un important travail de resserrement sur les sources. Le conte de Basile dont s'inspire Perrault, *Nennillo e Nennella*, met en effet en scène un frère et une sœur, c'est la marâtre qui décide de leur perte et le père qui imagine de semer de la cendre, puis la deuxième fois, du son, qu'un âne mange. Les enfants survivent un temps dans la forêt puis sont séparés et vivent chacun de leur côté des aventures dignes de héros baroques (prince, pirate, séjour dans un poisson) avant d'être réunis et que la marâtre soit punie. En 1812 les frères Grimm, reprendront ce schéma initial avec *Hänsel et Gretel*, mais ils récupèreront la figure de l'ogre proposée par Perrault et la féminiseront en une sorcière anthropophage. Ainsi, tandis que chez Perrault la figure paternelle du bûcheron se dédouble dans celle de l'ogre, chez les Grimm c'est la figure maternelle qui se double dans celle de la sorcière. Notons au passage que c'est bien dans la première version des Grimm la mère qui décide de l'abandon des deux enfants, ils la remplaceront ensuite par l'image plus consensuelle de la belle-mère. Perrault souligne l'opposition : la maison du père où la famine menace, trouve son double inversé avec la maison de l'abondance que représente celle de l'ogre où cuisent un « Mouton tout entier à la broche[1] » et « un Veau, deux Moutons & la moitié d'un Cochon[2] ». Mais l'étal de viande, comme la maison de confiseries, est un piège : l'enfant devient proie, il doit fuir, voler ce père monstrueux pour rentrer chez lui riche et prendre la place du sien. D'une histoire italienne un peu baroque d'enfants perdus, Perrault fait un conte de la confrontation qui puise au mythe des origines et à son ogre mythique, Saturne. *Le Petit Poucet* met ainsi en scène une lutte générationnelle et il n'est pas étonnant que les auteurs contemporains le réécrivent pour les adolescents, voire pour de jeunes adultes.

La figure du bûcheron proposée par Charles Perrault repose sur un système patriarcal clair. C'est lui qui prend les décisions et lorsque sa femme émet des objections ou des regrets, il la ramène au silence : « il la menaça de la battre si elle ne se taisait[3]. » Si cette figure de l'autorité va de soi au XVIIe siècle, elle sera interrogée dans les réécritures modernes qui se situent après le vaste mouvement de libération de la fin des années 60. La nouvelle de Michel Tournier *La Fugue du Petit Poucet* y fait directement écho. D'abord publiée dans le magazine *Elle* en 1972, elle intègre, six ans plus tard le recueil *Le coq de Bruyère* publié par Gallimard dans sa prestigieuse Collection blanche[4] , puis paraît l'année suivante, en 1979, de manière autonome et cette fois illustrée par Alain Gauthier, en édition jeunesse[5]. La nouvelle rejoue les événements de mai 68 en opposant le père, Commandant Poucet, chef des bûcherons de Paris, qui rêve de débarrasser la ville de ses arbres pour mettre des autoroutes partout, à son fils, Pierre, jeune garçon épris de nature et de liberté, qui fugue et rencontre Logre, un hippy végétarien.

1 Charles Perrault, *Histoires ou Contes du temps passé*, *op. cit.*, p. 204.
2 *Id.*, p. 208-209.
3 Charles Perrault, *op. cit.*, p. 113.
4 Michel Tournier, « La Fugue du Petit Poucet », *Le coq de Bruyère*, Paris, Gallimard, « Collection blanche », 1978, p. 49-65.
5 Michel Tournier, ill. Alain Gauthier, *La Fugue du Petit Poucet*, Paris, Éditions G.P., 1979.

Tournier y caricature l'image du père autoritaire. Le conte l'introduit comme « le commandant Poucet[6] » qui, dans un vocabulaire militaire, est prêt à « dévoiler ses batteries ». Il annonce à sa femme et à son fils qu'ils vont déménager, et nul n'ose riposter, surtout pas « Mme Poucet [qui] regardait d'un air apeuré son terrible mari[7] ». En le présentant à table, Tournier retire le thème de la faim qui motivait le bûcheron perraldien, et invitait le lecteur à l'empathie. L'autorité est avant tout ici l'indice d'un esprit borné.

Elle est encore exacerbée dans le roman de Jean-Claude Mourlevat, *L'Enfant Océan* qui présente un père violent, Doutreleau, et l'impuissance des services sociaux à sauver les enfants de ce despote légitime. La famille habite une ferme isolée dans une campagne actuelle, un monde boueux et arriéré, débarrassé de toute rêverie champêtre. Retiré du monde, fuyant toute communication, l'homme apparaît comme une espèce de sauvage. Le drame se noue quand l'un de ses fils, le septième, Yan, se montre différent : intelligent et passionné par l'école, l'enfant dérange l'équilibre primaire du père qui se sent attaqué, pris de haut, et répond par le seul langage qu'il connaît, les coups. La figure paternelle incarne ainsi un type que l'on retrouve régulièrement dans les œuvres[8] de Mourlevat : celui du barbare engagé dans « la lutte éternelle entre la culture et la brutalité[9] ». L'enjeu est particulièrement saisissant dans cette petite scène qui relate la veille de la fugue et qui fait figure d'élément déclencheur :

> Quat'fois qu'on l'appelait, le gosse, pour venir manger la soupe. Et lui à la fenêtre, le nez dans son bouquin y bougeait toujours pas. Alors v'là mon Doutreleau qui se lève d'un coup. Il a pas cogné cette fois, pas du tout, y s'est levé, calme comme s'il allait pisser, il a pris les cahiers, le livre, enfin tout le barda, y a foutu dans le cartable, tranquille comme Baptiste, sans gueuler ni rien, il est sorti, on l'a vu marcher vers le puits, on a entendu plouf, terminé. Il est revenu et il a fini sa soupe[10].

C'est la mère qui parle ici, et l'on saisit en ces quelques phrases le décalage tragique qui peut exister entre Yann et sa famille. L'idiolecte est

6 Michel Tournier, *op. cit.*, p. 47.

7 *Ibid.*, p. 48.

8 Voir notamment chez Gallimard Jeunesse : *Le Combat d'hiver* (2006) et *Le Chagrin du roi mort* (2009).

9 Jean-Claude Mourlevat, entretien pour *Ricochet*, avril 2003.

10 Jean-Claude Mourlevat, *L'enfant Océan*, Paris, Pocket Jeunesse, 1999, p. 20-21.

familier, volontiers vulgaire, à la syntaxe fautive, la solidarité parentale semble solide comme le prouve le possessif « mon Doutreleau » que l'on comparera au distant « le gosse », mais surtout c'est aux attributs de l'école que le père s'en prend : cartable, livre et cahiers. L'institution scolaire ne peut lutter contre l'institution familiale. La vérité restera au fond du puits, et l'enfant voit la perspective d'une échappée sociale se fermer.

Ces deux pères incarnent la loi du plus fort, celle de l'ogre : le risque de dévoration est à l'intérieur du foyer. La problématique s'est un peu déplacée avec Martin Winckler. L'*Autobiographie du Petit Poucet* retrace l'histoire familiale du personnage narrateur : ses parents ont perdu un fils par mort subite du nourrisson, puis deux, puis trois… La mère se convainc que la malédiction concerne les garçons, et se met en tête d'avoir une fille. Un autre fils meurt, puis encore un, et au sixième la mère décide de prendre les devants et d'avorter à l'annonce du sexe (masculin) du bébé. Le père ne supporte pas cela et s'en va, laissant sans le savoir un septième enfant en gestation. Une mauvaise lecture de l'échographie sauvera ce dernier bébé. Un drame familial donc, mais aussi une dénonciation plus large puisqu'au fil des pages le lecteur voit la mère sombrer dans la folie d'un féminisme extrémiste. Le père en devient le bouc émissaire. Il apparaît d'abord comme simplement négligé :

> Tout le monde plaignait ma mère : les mères, ça porte les enfants, ça leur donne la vie et quand l'un des enfants meurt, c'est terrible. Ce qu'on ne voyait pas, c'est que mon père souffrait le martyre, lui aussi[11].

Puis directement désigné comme coupable parce que « le sexe de l'enfant, c'était le père qui le donnait […] et si ça se trouve, il avait une malformation des testicules, il fabriquait des spermatozoïdes de mauvaise qualité[12] ». L'étau se resserre encore lorsqu'apparaît le personnage de la grand-mère qui « aggravait les choses en lui disant qu'il était responsable du malheur de sa fille[13] ». Le système patriarcal s'est inversé en un système matriarcal, et c'est la mère qui endosse alors le rôle de l'ogre : on comprend au fil du récit que la perte du premier bébé l'a rendue folle, et que c'est elle-même qui a étouffé les nourrissons suivants dans leur lit. L'autorité des pères pose à chaque fois problème : excessive chez

11 Martin Winckler, *op. cit.*, p. 179.
12 *Ibid.*, p. 180-181.
13 *Ibid.*, p. 182.

Tournier et Mourlevat, elle est niée dans la nouvelle de Winckler par la folie maternelle. Cette remise en question implique un glissement de la figure de l'ogre à l'intérieur du foyer, et entraîne un changement radical dans la structure du conte : ce n'est plus le père qui mène ses enfants se perdre, mais les petits Poucets modernes qui décident de partir d'eux-mêmes pour échapper à leurs monstres domestiques. Le père remplit bien la fonction définie par Propp[14] d'éloigner le héros de la maison, mais ce n'est plus *par* son autorité, mais *contre* son autorité.

La fuite prend alors l'aspect d'une quête identitaire à travers la reconstruction de la figure paternelle. Chez Winckler il s'agit d'une véritable enquête généalogique. Avant de quitter la maison, le narrateur trouve dans un tiroir caché du secrétaire de sa grand-mère le livret de famille de ses parents. Le document fait office d'objet adjuvant : il lui permet d'emprunter l'identité de son frère mort, passant ainsi au statut de majeur, et donc de travailleur, mais surtout, il lui révèle le nom de son père et le lance sur sa trace.

> J'avais enfin les moyens de retrouver mon père. Le livret de famille ne disait pas où il était allé, bien sûr, mais il donnait des indications précieuses : le nom de ses parents, sa date et son lieu de naissance. Ça suffit quand on veut retrouver quelqu'un qui ne se cache pas[15].

Ce retour à la source permet au narrateur de se réconcilier avec son père, mais aussi avec l'image de la paternité et il peut alors envisager de fonder à son tour une famille. Car ce n'est que dans les dernières lignes que nous comprenons enfin la situation d'énonciation et l'enjeu de cette longue confession : le narrateur est dans l'avion, de retour de la Réunion où vit à présent son père, et son voisin de siège est un médecin. L'autobiographie est en fait une consultation, il veut savoir si la mort subite du nourrisson dont a été victime son premier frère peut impliquer un risque génétique pour ses propres enfants. Il veut se rassurer sur sa propre capacité à être père.

Si « Le conte est une image qui raisonne[16] » selon les mots de Gaston Bachelard, le Petit Poucet est avant tout l'image de l'enfance et de son dépassement. Le nom du héros indique triplement sa petitesse : par

---

14 Vladimir Propp, *Morphologie du Conte*, Points-Seuil, Paris, 1970 [1928], p. 36.
15 *Ibid.*, p. 203.
16 Gaston Bachelard, *La Poétique de l'Espace*, Paris, PUF, 1957, p. 152.

l'adjectif « petit », par l'étymon « pouce » et par le diminutif « et ». Nos trois auteurs contemporains insistent à leur tour sur ce point : le personnage de Winckler est né très prématurément « tout petit et affreux[17] », celui de Mourlevat a dix ans mais fait « à peine la taille d'un enfant de deux ans[18] », et celui de Tournier est présenté comme « petit Pierre[19] ». Il s'agit alors de voir comment le protagoniste dépasse ce statut pour entrer dans le monde adulte, comment il grandit, comment, en somme, il devient homme. Martin Winckler est particulièrement attentif à la question du grandir. Elle vient même justifier dans sa nouvelle une redéfinition étymologique du nom Poucet. Bien à l'abri dans sa couveuse, le nourrisson profite :

> je grandissais plus vite que les autres. Une infirmière m'appelait « Mon petit » et quand elle me pesait, tous les jours, elle me murmurait à l'oreille : « Tu as bien poussé, mon petit[20]. »

Ce jeu de mots du petit qui « poussait » revient comme un leitmotiv tout au long de la nouvelle, proposant au-delà du calembour, une clef de lecture du conte de l'adolescence. L'enfant doit grandir s'il veut échapper aux ogres qui l'entourent, et notamment ici, sa mère infanticide.

> Heureusement, j'avais continué à … pousser, et quand ma grand-mère est morte, je mesurais déjà la même taille que ma mère. Pendant les mois qui ont suivi, j'ai vu des poils apparaître sous mes bras et autour de mon sexe. Je l'ai vu grossir, s'allonger à vue d'œil. J'ai eu des boutons et du poil au menton. Tout ce qui arrive quand on a cet âge-là. Et j'ai encore grandi[21].

Martin Winckler, qui est aussi médecin, décrit la puberté de manière très prosaïque, sans les voiles de quelque écran symbolique, le cheminement n'en reste pas moins éminemment initiatique. En premier lieu, le personnage se met à l'épreuve sous une identité d'emprunt, celle de son frère mort avant sa naissance. Ce passage par la mort est, selon l'ouvrage de Propp sur *Les Racines historiques du conte merveilleux*, une constante des rites d'initiation où « le garçon était supposé mourir, et ressusciter sous

17 Martin Winckler, *op. cit.*, p. 184.
18 Jean-Claude Mourlevat, *op. cit.* p. 10.
19 Michel Tournier, *op. cit.*, p. 48.
20 Martin Winckler, *op. cit.*, p. 184.
21 *Ibid.*, p. 187.

la forme d'un homme nouveau[22] ». L'épreuve s'accompagne de diverses tâches ingrates qui prennent ici l'aspect de petits boulots en tant que garçon de ferme. Au détour d'une aventure, il sauve une jeune fille en détresse en la débarrassant de son père incestueux. Il retrouve ensuite son propre père, et donc son identité, et peut alors épouser sa promise, vivre heureux et avoir beaucoup d'enfants. Au-delà du brouillage des figures paternelles, le parcours de l'adolescent reste le même : du martyre de l'enfance à la plénitude (promise !) de l'âge adulte.

La conquête est également langagière, le petit Poucet représentant l'*infans*, celui qui ne parle pas. C'est en ces mots que Perrault le présente : « le plus jeune était fort délicat et ne disait mot[23] ». Jean-Claude Mourlevat ouvre son *Enfant Océan* sur cette citation et propose un personnage muet. Michel Tournier écrase le sien sous la logorrhée paternelle, et quant à celui de Martin Winckler, il est réduit au silence par les secrets familiaux. L'initiation à la parole est donc l'une des étapes importantes de l'adolescence. Dans l'*Autobiographie du Petit Poucet*, le narrateur écoute aux portes pour tenter de comprendre son histoire. Et lorsqu'il sort de chez lui, c'est pour rencontrer l'éblouissement des mots. Ainsi au supermarché :

> C'est fou ce qu'il y a comme mots écrits dans un magasin comme celui-là. Des mots sur les produits, des mots sur les murs, des mots qui pendent du plafond, des mots sur les rayons. Ça me fascine[24].

Véritable bouffée d'oxygène dans le silence étouffant de son enfance, ces sorties au supermarché apparaissent comme une première étape vers le langage et vers l'ailleurs. La seconde étape sera la rencontre des hommes, et la troisième celle de son père. Elle prend la forme d'un appel téléphonique :

> j'ai commencé par dire : « Je suis votre fils Arthur » et tout de suite j'ai pensé : mais quel imbécile ! il va croire que je me moque de lui, et comme il ne disait rien j'ai continué : « Pas celui qui est mort… moi, je suis né après votre départ… », et je l'ai entendu sangloter au téléphone… Comme… Comme… moi, là, tout de suite… Excusez-moi… C'est plus fort que moi…

---

22 Vladimir Propp, *Les Racines historiques du conte merveilleux*, NRF, Paris, Gallimard, 1983 [1946], p. 68.
23 Charles Perrault, *op. cit.*, p. 111.
24 Martin Winckler, *op. cit.*, p. 188.

> [...] Excusez-moi... C'est terrible, hein, les hommes quand ça pleure ça n'arrive plus à parler[25]...

Le passage par un média moderne n'enlève rien à la puissance émotive d'une parole filiative, ni à son importance symbolique : le flambeau générationnel est passé, le narrateur peut alors se ranger dans la catégorie des « hommes » et envisager de devenir père. La dynamique de transmission semble également opérer de manière très traditionnelle dans le conte de Michel Tournier. Le jeune fugueur se perd dans la forêt, espace du rite par excellence[26], et arrive dans la maison de Logre où commence pour lui une série d'initiations : l'alcool, la drogue[27], le sexe[28], mais aussi ce que Propp appelle « des secrets à caractère religieux, un savoir historique, les règles et les normes de la vie sociale[29] »... C'est Logre qui parle :

> – Écoutez-moi, dit-il. Ce soir, c'est la nuit la plus longue de l'année. Je vais donc vous parler de ce qu'il y a de plus important au monde. Je vais vous parler des arbres.
>
> Il se tait encore longuement, puis il reprend :
>
> – Écoutez-moi[30].

Parole dramatisée, inscrite dans un calendrier rituel, consciente de son importance, le discours de l'ogre se présente comme la transmission d'un savoir sacré. Le contenu vient confirmer ce sentiment : Logre livre à l'enfant une grille de lecture pour comprendre son monde, ses origines et son organisation, et lui propose une ligne de conduite pour l'avenir « C'est pourquoi toute sagesse ne peut se fonder que sur une méditation de l'arbre, poursuivie dans une forêt par des hommes végétariens... » Mais l'héritage est ici problématique en ce qu'il va exactement à l'opposé du discours paternel. Dans un contexte moderne antisexiste et antiautoritaire, la parole transmise n'est plus un patrimoine à conserver, mais à remettre en cause. Ces arbres dont souhaite parler Logre sont d'abord ceux de la Genèse, ceux du Père. Logre réécrit l'épisode de la chute :

---

25 *Ibid.*, p. 203.
26 Vladimir Propp, « La forêt », *op. cit.*, p. 69-71.
27 « des cigarettes qui ont une drôle d'odeur », Michel Tournier, *op. cit.*, p. 61.
28 « des caresses si coquines » *Ibid.*, p. 66.
29 Vladimir Propp, *op. cit.*, p. 68.
30 Michel Tournier, *op. cit.*, p. 61.

> « Yahvé disait-il la vérité ou mentait-il ? Le serpent prétendait qu'il mentait. Adam n'avait qu'à essayer. Il verrait bien s'il mourrait ou si au contraire il connaîtrait le bien et le mal, comme Yahvé lui-même.
>
> « Poussé par Eve, Adam se décide. Il mord dans le fruit. Et il ne meurt pas. Ses yeux s'ouvrent au contraire, et il connaît le bien et le mal. Yahvé avait donc menti. C'est le serpent qui disait vrai[31].

Le jeu de mise en abyme entre le conte et le mythe radicalise le thème de la rébellion et lui donne un enjeu éthique : le jeune lecteur est invité à ouvrir les yeux à son tour. Mais le conte est-il alors dénonciation ou initiation ? Il se pourrait bien que la réécriture moderne se heurte ici à son propre paradoxe, car si l'initiation a pour mission d'intégrer le jeune garçon à la société des hommes, comment nos petits Poucets pourraient-ils rejoindre le modèle vicié de leur foyer sans se renier ?

Le Petit Poucet reste une incarnation de l'enfance, un symbole, mais il évolue dans un univers réaliste et doit faire face à des pères qui représentent les tares de leur société : urbanisme à outrance, misère culturelle, ou impuissance. La réconciliation de l'enfant avec le monde des adultes passe par la découverte de nouvelles figures paternelles. L'ogre, chez Winckler, est incarné par le personnage de la mère infanticide. C'est elle qui, sinon dévore, du moins tue ses enfants en les étouffant avec un coussin. Sa violence s'exprime dans sa misandrie. Ainsi, lorsqu'elle se réunit avec ses amies :

> Un jour qu'elles s'étaient réunies entre femmes – elles avaient une façon mielleuse et malsaine de dire ça – je les ai entendues gamberger sur la création d'une ligue antimasculine qui militerait pour la castration de tous les prisonniers, ce qui permettrait d'éliminer non seulement les violeurs condamnés, mais aussi ceux qui pourraient le devenir à leur sortie. La mort, ça n'était pas assez dissuasif. Leur couper les couilles en revanche[32]…

Le médecin Marc Zaffran, nom réel de Martin Winckler, s'intéresse de près aux questions de contraception, il a même ouvert une chaîne Youtube pour en discuter le plus largement possible. Dans son *Autobiographie du Petit Poucet*, il articule le renversement du pouvoir entre le père et la mère à un pivot parfaitement historique : la femme en obtenant la possibilité de contrôler ses grossesses est devenue maîtresse de sa vie, mais aussi de celle de sa famille. La mère décide, le père n'a qu'à suivre.

---

31 *Ibid.*, p. 63.
32 Martin Winckler, *op. cit.*, p. 191.

L'auteur dénonce ainsi la tentation de remplacer l'autoritarisme masculin par son homologue féminin. Le narrateur parvient à rééquilibrer son univers en retrouvant son père. Celui-ci a refait sa vie et est à présent le père comblé de « deux enfants magnifiques, un garçon et une fille, des jumeaux[33] ». La réussite familiale du père, mais plus encore l'équité parfaite masculin/féminin que figurent ces jumeaux, viennent résoudre la tension latente qui s'était installée entre le naître garçon et le naître fille. La figure paternelle apparaît comme un modèle d'équilibre et de bonheur qui vient contrebalancer la folie destructrice de la mère.

Pas de happy-end en revanche chez Mourlevat, l'horreur dans laquelle les enfants tombent rend presque sympathique celle d'où ils viennent. L'ogre qu'ils rencontrent n'a plus rien du gros barbu à coutelas. Il s'agit d'un riche et respecté industriel, père de famille (sept charmantes filles, évidemment), et investi en politique. Quand il apprend que des enfants sont entrés chez lui, il soupçonne des Tziganes et bloque toutes les issues pour les laisser mourir de faim et de soif dans le noir. Le monstre prend dans ce roman l'apparence de l'humain le plus policé. Son discours parfaitement maîtrisé, renverse les notions d'altruisme, d'hospitalité et de justice pour justifier l'injustifiable et son propos se clôt sur cette menace : « Et nous sommes nombreux[34]. ». Le véritable risque, aujourd'hui, est dans la montée des intolérances et dans leur organisation en partis, dans l'entrée, en somme, des ogres en politique. Le roman de Mourlevat met ainsi en scène un monde désespéré où faibles et forts sont solidaires dans la cruauté. Les enfants réussissent à alerter leur père et les secours arrivent, mais Yann ne peut pas retourner auprès du puits où son cartable baigne. Les destins éclatent : les six grands retournent chez leur parent, retrouvant la place qui était la leur, et Yann disparaît. L'ultime chapitre le présente sur un cargo, bottes de sept lieues modernes. La division, alors, devient générique : les frères continuent leur roman social, tandis que Yann bascule pour de bon du côté du conte. C'est le capitaine du cargo qui parle :

> L'idée m'est venue que cet enfant n'était pas réel, qu'il sortait tout droit d'un conte. Que j'avais le droit d'y entrer pour un instant. Qu'il voulait bien m'y accepter. A condition bien sûr que je cesse de poser des questions idiotes[35].

33 *Ibid.*, p. 204-205.
34 Jean-Claude Mourlevat, *op. cit.*, p. 130.
35 *Ibid.*, p. 152.

Les germes fantastiques qui étaient en place dans le personnage de Yann prennent le dessus. Il ne deviendra ni bûcheron, ni ogre, mais un personnage de conte, à jamais un symbole. Un ogre maternel pour Winckler, un ogre politique pour Mourlevat, le renversement que propose Tournier est peut-être encore plus osé. Il s'agit d'un ogre… doux. L'expression revient régulièrement : « un géant […] où tout n'est que douceur[36] », « avec douceur[37] », « la voix douce[38] ». Douceur donc, mais aussi cheveux longs, voix de soprano… Lorsqu'il le rencontre, Pierre saisit immédiatement l'extraordinaire nouveauté de ce nouveau modèle de père :

> Pierre est saisi d'admiration. Il ne sait quoi dire, il ne sait plus ce qu'il dit. Il dit :
> – Vous êtes beau comme…
> L'ogre sourit. […]
> – Beau comme quoi ? insiste-t-il.
> Affolé, Pierre cherche un mot, le mot qui exprimera le mieux sa surprise, son émerveillement.
> – Vous êtes beau comme une femme[39] !

Le thème de l'Androgyne revient souvent dans l'œuvre de Tournier, généralement associé à une vision platonicienne d'un androgyne originel, celui qu'il appelle « l'Adam archaïque[40] ». Ainsi la figure du marginal, aux frontières de la loi, devient une figure positive, représentante d'un idéal de paix et d'harmonie. Lorsqu'au matin les gendarmes viennent l'arrêter, il se présente pieds nus, dans une tunique en toile écrue, victime christique des temps modernes. Un potentiel subversif qu'il reprend à Perrault :

> La reconfiguration du dispositif énonciatif de la *fabella* en un dispositif pseudo-naïf permet à Perrault de faire passer pour des récits en apparence simples et naïfs des histoires potentiellement subversives qui n'hésitent pas à mettre en cause le pouvoir familial et étatique[41].

36 Michel Tournier, *op. cit.*, p. 58.
37 *Ibid.*, p. 59.
38 *Id.*, p. 67.
39 *Id*, p. 59-60.
40 Michel Tournier, *Le Roi des Aulnes*, Paris, Gallimard, 1975 [1970], p. 132.
41 Ute Heidmann, Jean-Michel Adam, *Textualité et intertextualité des contes. Perrault, Apulée, La Fontaine, Lhéritier…*, Classiques Garnier, Coll. Lire le XVIIe siècle, 2010, p. 65.

La toute dernière scène se passe au 23e étage de la tour Mercure où la famille vient d'emménager et semble consacrer la pleine victoire du Commandant Poucet et de son idéal. Mais Pierre n'est pas devant la télévision en couleurs avec ses parents, seul dans sa chambre, il sort de sous son lit les bottes que lui a données l'ogre :

> Ce n'est pas difficile de les chausser, elles sont tellement trop grandes pour lui ! Il serait bien empêché de marcher, mais il ne s'agit pas de cela. Ce sont des bottes de rêve.
>
> Il s'étend sur son lit, et ferme les yeux. Le voilà parti, très loin. Il devient un immense marronnier aux fleurs dressées comme des petits candélabres crémeux. Il est suspendu dans l'immobilité du ciel bleu. Mais soudain, un souffle passe. Pierre mugit doucement. Ses milliers d'ailes vertes battent dans l'air. Ses branches oscillent en gestes bénisseurs. Un éventail de soleil s'ouvre et se ferme dans l'ombre glauque de sa frondaison. Il est immensément heureux. Un grand arbre[42].

Il y a donc bien pour Pierre un retour dans la société paternelle, mais il porte dorénavant en lui le germe de la subversion : les bottes de l'imagination, qui s'incarne pour un lecteur plus averti dans les plaisirs de l'onanisme. La fin juxtapose les lectures par l'artifice du rêve, comme celle de Mourlevat, comme l'ironie de Winckler ou celle de Perrault. Chaque fois, les fins en palimpseste jouent du mélange des genres en entrelaçant différents univers culturels et stylistiques… Le dialogisme laisse ainsi la place au lecteur : ni bûcheron, ni ogre, le Petit Poucet sera son interprétation.

Les bûcherons d'aujourd'hui ont bien du mal à se faire entendre dans leur famille. Aucune empathie ne leur est accordée, leur autorité est contestée, ridiculisée, quand elle n'est pas tout simplement ignorée. Incarneraient-ils la tâche difficile d'être père aujourd'hui ? Sans doute un peu, mais pas seulement, car d'autres figures sont proposées, d'autres modèles ou contre-modèles entre lesquels le jeune garçon est invité à se définir. Au fil des rencontres et des expériences, le héros gagne en épaisseur, sa quête en espace, en souplesse : à l'image du bâtard romanesque, il se cherche, et nous avec. Ce glissement de genre pourrait faire éclater les cadres du conte traditionnel, mais ce n'est pas le cas. Car chacun des trois auteurs, de manière très différente, reste fidèle au conte perraldien.

---

42 Tournier, *op. cit.*, p. 69.

L'enjeu reste en effet celui d'un petit enfant qui devient grand, et qui doit trouver sa place dans la forêt du monde. Que celle-ci prenne l'aspect du bois de Rambouillet, de la Normandie profonde ou des rues d'une petite ville inventée, importe peu. Le conte a cette capacité d'intégrer l'actualité de son énonciation. Les figures de bûcherons et d'ogres évoluent, se multiplient, se divisent, se donnent le change aussi parfois, mais toujours le conte s'élève contre un monde gouverné par la loi du plus fort et du plus grand. Le Petit Poucet n'a pas d'armes pour se battre, mais il a de l'esprit. Il sait qu'il faut d'abord écouter pour ensuite chausser les sandales de Mercure, et devenir comme lui le Dieu de l'éloquence. Le parcours d'écriture est strictement parallèle : du lecteur au créateur, le petit garçon devient homme de lettres en se frottant à ses illustres ancêtres. En reconfigurant une œuvre patrimoniale au souffle de notre actualité, les auteurs actuels se placent résolument dans l'héritage des Modernes et proposent à leur public des racines et des ailes.

CONCLUSION

Le territoire des contes est au XVIIe siècle un espace complexe qui se forme sous l'impulsion de nombreuses forces tant esthétiques que politiques. Ses bâtisses en attestent. La cabane représente un réalisme de façade mais justifie la fondation d'un genre moderne qui se veut proprement français. Il ne s'agit pas pour autant d'une popularisation des contes antiques, au contraire. Perrault ne s'attarde pas sur la représentation du peuple, ses cabanes sont des épures, de pures fonctions, quand il s'intéresse davantage aux maisons cossues. Ces maisons-là, avec les châteaux, correspondent davantage au public auquel il s'adresse, celui que le frontispice représente, les gens de qualité. Le mythe des origines populaires et rurales va pourtant se développer aux XIXe et XXe siècles, de manière parallèle aux grandes vagues d'urbanisation. Mais pas de paradoxe ici : le conte est dès le XVIe siècle un genre de citadins lettrés jouant la naïveté paysanne. Les espaces traités se situent constamment dans cette double lecture. La cabane, tantôt lieu de la pureté, tantôt celui de la misère, est une cellule existentielle : elle met en cause l'être au monde. Les grandes maisons donnent à voir davantage les relations sociales avec leurs hiérarchies et leurs systèmes intriqués de tâches ménagères, de jeux de pouvoir et de questions d'héritage. Les châteaux, enfin, sont des espaces de pouvoir complexes et, cependant, restent les lieux de la vraie réussite.

Tous ces lieux dessinent les prémisses d'une mutation profonde, dont se saisiront les générations futures. Sortis du monde de la cour, les contes de Perrault entrent en résonnance avec les nouvelles aspirations de la bourgeoisie qui deviendra la classe dominante au siècle suivant, économiquement bien sûr, mais aussi politiquement après la Révolution. Le conte suivra alors leur évolution : exalté par les frères Grimm au nom du culte du foyer, jusqu'à Walt Disney qui signe avec ses animations le triomphe de la culture de masse. Cabanes et châteaux se diffractent alors à l'infini, deviennent mansardes, duplex, hôtels particuliers, pavillons ou tours modernes... L'architecture donne une visibilité au passage du temps, mais souligne aussi d'autres changements. Le décor de la ville fait signe sans entraver les protagonistes : les nouveaux Petits Chaperons rouges, pour prendre l'exemple le plus fréquemment réécrit, peuvent, comme leur ancêtre hypotextuelle, mourir sous les pattes du loup, c'est le choix de Sarah Moon[1], ou se défaire seule de la bête comme le propose Bruno Munari[2], ou laisser à l'aïeul le soin de se défendre selon la proposition de Rebecca Dautremer[3], sans même parler des nombreuses variations sous influence des frères Grimm, avec l'intervention d'un bûcheron ou d'un chasseur. Les possibilités sont infinies, et indéfiniment exploitées, si bien qu'il faut se résoudre : nous n'aurons jamais fini ! La matière est bien trop vaste. La reconfiguration des contes dans l'espace moderne est un phénomène de masse qui envahit la littérature, toutes les littératures, de l'album pour tout petit aux nouvelles pour public averti, et le phénomène déborde encore du cadre de la page pour entrer dans celui du théâtre, de la danse, du cinéma, de la publicité... En somme, il était trop de fois. La question qui s'impose alors est : pourquoi ?

Serions-nous effectivement, comme le propose Jack Zipes, dans un moment de subversion du conte ? Serions-nous toujours dans l'ambition libératrice de la littérature jeunesse qui fit suite aux mouvements contestataires du XXe siècle ? En un sens oui, l'héritage reste. Il y a bien une impertinence moderne qui pousse à remettre constamment en cause le discours des générations précédentes... Mais nous ne pouvons pas en faire un trait propre au XXe siècle : Perrault, déjà, opposait ses histoires de Peau d'Âne ou de boudin, à celles des Anciens. Son œuvre s'affirmait déjà impertinente, les préfaces étaient nettement polémiques, et l'on peut tout à fait parler de subversion, c'est-à-dire de renversement, idéologique autant que poétique, dans la redéfinition des valeurs que dessine la Querelle. Du XVIIe au XXIe siècle, la même lutte se rejoue, et avec les mêmes armes : le truchement d'une voix qui met à distance ce qu'elle énonce. Le conte est en dialogue avec son histoire, mais une histoire non fiable, une histoire à laquelle l'auteur n'adhère jamais tout à fait. Il entre ainsi en pourparlers avec ses prédécesseurs anciens ou contemporains, mais aussi avec la figure fictive de la vieille conteuse. Si

1 Sarah Moon, *Le Petit Chaperon Rouge*, *op. cit.*
2 Bruno Munari, *Cappuccetto Verde, Giallo, Blu et Bianco*, *op. cit.*
3 Rebecca Dautremer, ill. Arthur Lebœuf, *Le Loup de la 135e avenue*, *op. cit.*

bien que ce phénomène de scission et de distanciation de la parole, non seulement n'est pas propre à l'époque actuelle, mais apparaît au contraire comme un trait constitutif du genre. Jean-Paul Sermain le souligne dans son essai *Métafictions* : « il n'y a pas continuité mais rupture entre la création originelle et sa reprise, et c'est essentiellement sur l'effet et le sens de cet écart que repose la poétique du conte de fées[4] ». Cet écart, ce pas de côté qui permet de détacher l'objet énoncé du sujet énonçant, repose principalement sur l'agencement scénographique proposé par Perrault. En convoquant une figure populaire (la vieille servante) et enfantine (le fils qui signe), il brouille le sens du conte :

> L'intérêt du conte de fées tient aux stratégies littéraires choisies pour suggérer la présence et le rôle de ces acteurs du discours, pour intégrer l'histoire racontée à des univers mentaux distincts, pour faire entendre dans « ce qu'il dit » l'écho de deux – ou trois – voix croisées, pour instaurer ce qu'on appelle aujourd'hui un dialogisme[5].

En signant du nom de son fils et en installant la vieille conteuse dans le frontispice, Perrault met la parole à l'épreuve du doute, la dédouble, et passe à ce filtre les écrits de ses collègues anciens ou contemporains. La mise en scène s'est naturalisée au cours du XIXe siècle. Les frères Grimm, mais plus largement tout le courant folkloriste qui s'est intéressé aux contes (collecte, analyse, classement, etc.), ont contribué à valider la scénographie perraldienne de sorte qu'elle a peu à peu perdu de son pouvoir subversif. Les auteurs contemporains, en inscrivant ces contes patrimoniaux dans l'espace urbain, réinjectent la distance nécessaire. Ils mettent en scène de nouveaux « univers mentaux distincts » pour relancer ce que Perrault et ses contemporains cultivaient dans le laboratoire de Versailles : la polyphonie. C'est de cette polyphonie que nait la liberté moderne, avec une vérité qui n'est plus donnée, mais qui, selon Mikhaïl Bakhtine, « naît entre les hommes qui la cherchent ensemble, dans le processus de leur communication dialogique[6] ». Cette vérité, que Bakhtine nomme carnavalesque, est faite de contrastes et de contradictions, de mise en cause des idées reçues et d'irrévérence. Il serait vain de chercher dans ce mouvement ce qui relève du populaire et du savant, de l'oral

4 Jean-Paul Sermain, *Métafictions*, *op. cit.*, p. 357.
5 *Id.*, p. 366.
6 Mikhaïl Bakhtine, *Poétique de Dostoïevski*, *op. cit.*, p. 155.

et de l'écrit, du peuple et de la cour. Toutes ces catégorisations sont des inventions de penseurs avec lesquelles les conteurs jouent en permanence. La modernité fondamentale dans laquelle les auteurs des XXe et XXIe siècles s'engouffrent, est là : dans la polyphonie inhérente à un genre qui s'affirme comme réécriture d'un discours qu'on tient à l'écart, mise en scène d'un univers auquel ni l'auteur ni le lecteur n'adhèrent complètement. L'enjeu n'est pas seulement celui de la subversion, il est aussi inversion, conversion, et même conversation. La généricité du conte se fonde sur la circulation des voix, celles du narrateur et des personnages, comme l'a montré Cyrille François[7], mais aussi conversation avec les autres textes, dans un échange avec le lecteur qui se trouve à présent en charge du sens : puisque la vérité ne lui est plus délivrée, il doit la reconstruire. Il ne s'agit pas simplement de repérer des motifs mais de les intégrer dans de nouvelles chaînes logiques pour en dégager de nouveaux systèmes de significations. Le lecteur devient, selon le terme d'Ute Heidmann, un « lecteur-interprète[8] ». L'approche est tout à fait neuve : la tradition des contes de fées s'inscrit moins dans la logique d'une transmission entre générations, que d'un dialogue entre celles-ci.

Les auteurs contemporains, certes, actualisent les contes, c'est-à-dire qu'ils les sortent du virtuel pour les faire résonner dans leur réalité, mais l'impact est réciproque : les contes dégagent le quotidien d'une évidence trop aliénante pour lui offrir le recul d'un sens, c'est-à-dire d'une direction et d'une signification. Nous avons vu à de nombreuses reprises la façon dont le merveilleux permettait aux auteurs de ré-enchanter le monde, nous pourrions dire pour reprendre Michel de Certeau qu'ils permettent de ré-inventer le quotidien[9]. Cette dimension collective, où

---

7 Cyrille François, *Les Voix des contes. Stratégies narratives et projets discursifs des contes de Perrault, Grimm et Andersen*, Presses Universitaires Blaise Pascal, 2017.

8 « Le concept de dialogue intertextuel, conçu comme une réponse et une contre-proposition à des énoncés antérieurs, permet de prendre en compte une autre caractéristique de l'intertextualité souvent négligée dans la recherche sur les contes trop focalisée sur la récurrence des motifs constitutifs des *contes-types*. Pour répondre aux énoncés antérieurs et pour faire une contre-proposition aux effets de sens produits par eux, l'énonciateur inscrit son recours aux intertextes dans une logique nouvelle, reconnaissable dans sa différence. Pour créer cette logique, il ne se limite pas à "injecter" dans son énoncé une série de motifs ou de thèmes [...] il les inscrit dans une nouvelle causalité que le lecteur-interprète doit reconstruire pour comprendre le sens de la nouvelle proposition. » Ute Heidmann, *op. cit.*, 39.

9 Michel De Certeau, « Lire : un braconnage », *L'invention du quotidien I : Arts de faire*, Paris, U.G.E., 1980.

se fondent poétique et politique, rapproche les contes des mythes, un rapprochement récurrent dans l'étude des contes. La plupart du temps, il est lié à la question des origines : les folkloristes voient dans les contes de fées la version dégradée d'anciens mythes, des restes de rites, quand ils représentent pour les psychanalystes des types universels, des archétypes. Il s'agit dans les deux cas d'associer les contes à la naissance des civilisations humaines afin d'en faire un objet naturel. Les rapports du conte et du mythe intéressent également l'approche littéraire, mais dans une approche moins essentialisante : si Ute Heidmann a montré ce que les contes de Perrault doivent à la Psyché d'Apulée, c'est en tant que construction littéraire, par l'intermédiaire de La Fontaine, et parce que Véronique Gély a auparavant démontré que le mythe de Psyché, structurellement si proche du conte, est lui-même une construction historique[10]. En somme, n'y a pas une ontologie du mythe, mais une phénoménologie[11]. Il ne s'agit pas de retomber dans un discours universalisant mais de retrouver la façon dont telle ou telle histoire, à un moment, rassemble une société : « La prétendue universalité des mythes est une illusion ethnocentrique. Les mythes fonctionnent à l'intérieur des sociétés, des cultures qui les créent et se reflètent en eux[12] ». Ils les fondent même. Cendrillon ou le Chat Botté, à partir de matériaux anciens – conte médiéval pour le premier, allégorie pour le second – ont proposé des schémas de vie révolutionnaires qui ont accompagné et appuyé la société moderne. Ces réussites de papier vont « donner l'occasion de s'identifier, de se reconnaître[13] » pour contribuer, selon le mot de Deleuze à « l'invention d'un peuple[14] ».

Ce pacte social, cette réappropriation, se fait par un transfert d'autorité, qui est en réalité un renoncement auctorial au profit du personnage lui-même qui y gagne son indépendance. Si le nom « Perrault » reste en France un marqueur du genre important, et on le voit régulièrement apparaître comme un clin d'œil dans les réécritures, sa position d'auteur est toutefois

10 Véronique Gély, *L'invention d'un mythe : Psyché, Allégorie et fiction, du siècle de Platon au temps de La Fontaine*, Paris, Champion, 2006.

11 *Id.*, p. 16.

12 Véronique Gély, « Personnage, mythe, enfance : quelques notes introductives », dans Nathalie Prince et Sylvie Servoise (dir.), *Les personnages mythiques dans la littérature de jeunesse*, Rennes, Presses Universitaires de Rennes, 2015, p. 15-26, p. 18.

13 *Ibid.*

14 Cité par Véronique Gély, *Ibid.*

problématique : confusions dans les versions, attributions fautives, vision fantaisiste… On voit l'auctorialité de l'Académicien se diluer dans le « devenir-mythe » de ses fictions. Les personnages, depuis trois siècles, gagnent en indépendance, se détachent de leur auteur et vivent d'autres vies dans une prolifération de fictions transfuges. Ils sont bel et bien devenus des personnages mythiques tels que les définit Nathalie Prince :

> Alors à quoi reconnaît-on qu'il s'agit de personnages mythiques ?
> À quelques traits, sans doute : on les identifie immédiatement ; ils traversent le temps ; ils se détachent des auteurs qui les ont fait naître ; ils renaissent et jaillissent non seulement après, mais ailleurs : ils sont comme immortels et même transgénériques : ils visitent la littérature, le cinéma, la musique, les jeux vidéos, les arts graphiques, etc. On pourrait dire pour simplifier que les personnages mythiques sont des personnages « préfixés » : ils se *re*connaissent, se *ré*écrivent, se *ré*incarnent[15].

Les mythes sont, en somme, considérés comme doués d'une vie propre. Cela est vrai pour les contes, et de manière plus radicale. Si les personnages mythiques « traversent le temps », ils restent historiquement marqués : Hercule est un personnage grec de l'Antiquité, Sherlock Holmes est rattaché au XIXe siècle anglais, Pinocchio à l'Italie. Pour les contes de Perrault, l'immortalité est rétroactive, et l'on a affaire à une véritable dés-historicisation. Le conte tire sa poésie mythique de l'illusion d'un éternel retour : derrière l'idée de préfixe, il y a quelque chose d'à jamais antérieur.

Cette dés-historicisation renvoie à la construction du mythe au sens que lui donne Roland Barthes : un objet culturel qu'une société donnée arrache de son histoire pour en faire un objet naturel. « Le mythe est une parole[16] » pose-t-il comme définition, une parole portée par n'importe quel objet, à condition qu'il soit investi « d'un *usage* social qui s'ajoute à la pure matière[17] ». Barthes souligne d'emblée leur caractère historique :

> Évidemment, tout n'est pas dit en même temps : certains objets deviennent la proie de la parole mythique pendant un moment, puis disparaissent, d'autres prennent leur place, accèdent au mythe. Y a-t-il des objets *fatalement* suggestifs,

15 Nathalie Prince, « "Puisque ce sont des enfants…" réflexions sur le quark mythogénétique dans la littérature de jeunesse », *Les Personnages mythiques dans la littérature de jeunesse*, *op. cit.*, p. 7-14, p. 8.
16 Roland Barthes, *Mythologies*, *op. cit.*, p. 181.
17 *Id.*, p. 182.

> comme Baudelaire le disait de la Femme ? Sûrement pas : on peut concevoir des mythes très anciens, il n'y en pas d'éternels ; car c'est l'histoire humaine qui fait passer le réel à l'état de parole, c'est elle et elle seule qui règle la vie et la mort du langage mythique. Lointaine ou non, la mythologie ne peut avoir qu'un fondement historique, car le mythe est une parole choisie par l'histoire : il ne saurait surgir de la « nature » des choses[18].

Comme la « Femme », les « Contes » ont perdu leur caractère de signes complets pour devenir des signifiants sur lesquels viennent se greffer les idéologies successives. L'ensemble mythologique qui nous intéresse ici est rassemblé sous l'expression lexicalisée « Contes-de-Perrault » qui porte un ensemble flou de représentations, se mélangeant à d'autres textes, et s'allégorisant au grès des réécritures et interprétations. C'est avec ce « mythe du conte » que les auteurs contemporains et leurs lecteurs jouent. Les contes sont ainsi l'objet d'une mythification paradoxale : les auteurs contemporains entérinent une version naturalisée desdits contes mais pour la questionner, pour la remettre au cœur de la cité, pour la démonter au nom de la culture. Leur généricité se compose avant tout de déconstructions et de reconstructions logiques. Si Claude Lévi-Strauss affirmait que « on ne discute pas les mythes du groupe ; on les transforme en croyant les répéter[19] », l'on voit ici s'opérer le phénomène strictement inverse : non seulement les contes sont discutés en groupe, mais les auteurs les répètent en croyant les transformer. Le mythe, en réalité, est sans cesse remis en question. Marcel Detienne notait déjà à propos de la mythologie grecque :

> Une histoire de l'intérieur, rivée à la sémantique de *mûthos*, oppose un démenti formel à l'affirmation d'usage que la mythologie ne connaît ni lieu ni date de naissance, qu'elle n'a pas d'inventeur, de même que les mythes ne connaissent pas leur auteur. L'enquête généalogique exhibe son état civil : le « mythe » est né illusion. Non pas une de ces fictions produites inconsciemment par les premiers locuteurs, une de ces ombres que le langage primordial jette sur la pensée, mais un fictif consciemment délimité, délibérément privatif[20].

Cet espace fictif qui s'affirme comme tel, cet espace métafictif, devient « un lieu fort approprié aux paroles subversives, aux histoires absurdes

18 *Ibid.*
19 Claude Lévi-Strauss, *Mythologiques* 4 : *L'Homme nu*, Paris, Plon, 1971, p. 585.
20 Marcel Detienne, *L'Invention de la mythologie*, Paris, Gallimard, 1981, p. 232-233.

et mises au rebut[21] ». On saisit alors l'importance de faire coïncider cet espace avec celui du quotidien. Le mythe rejoint ici la dimension pseudo-naïve du conte, et le rapport ambigu de l'adhésion à la fiction qui se sait fiction. Le paysage urbain accompagne ce double mouvement. Il a à la fois un rôle d'appropriation (le mythe est ici) et de mise à distance (l'expérience du réel fait barrière), d'éloignement dans le temps et l'inscription dans le présent. Le conte comme le mythe se situe dans la littérature de second degré, et joue avec sa nature de palimpseste. Il n'est pas le lieu de la croyance, mais au contraire celui du *mûthos*, et autorise donc en même temps la reconnaissance et la prise de distance, offrant à la fiction la possibilité de se frotter à la raison sans entrer en concurrence. Les contes ont pris aujourd'hui dans la collectivité la place autrefois réservée aux mythes antiques : ils offrent un répertoire de références largement partagé, et ont investi l'espace subversif de leurs cousins classiques grâce à leur dimension métafictionnelle. Mais ils sont également devenus des mythes modernes grâce à une politique consciente d'effacement de leurs auteurs légitimes, radicalisée au siècle romantique par l'illusion d'une littérature sans auteurs. Ainsi, là où Phèdre réclamait encore un Racine, chacun peut bien se saisir de Peau d'Âne. Les contes sont les mythes d'un monde sans divin et sans génie, les mythes d'un monde véritablement humaniste, et c'est un bien joli pied de nez que ce soit l'avorton du Grand Siècle qui ait ainsi fait la plus belle carrière. N'oublions pas, simplement, d'en rendre grâce à Perrault.

21 *Id.*, p. 233.

BIBLIOGRAPHIE

ŒUVRES

ANGOT, Christine, *Peau d'âne*, Paris, Stock, 2003.

ANHOLT, Laurence, ill. ROBINS, Arthur, *Cinderboy*, London, Orchard Books, 1996.

ARIBIT, Frédéric, « Les Fées », *Leurs contes de Perrault*, Paris, Belfond, coll. « Remake », 2015, p. 31-55.

AYMÉ, Marcel, « Les Bottes de sept lieues », *Candide*, 29 mai 1940.

AYMÉ, Marcel, « Les Bottes de sept lieues », *Le Passe-Muraille*, Paris, Gallimard, 1943.

AYMÉ, Marcel, *Les Bottes de sept lieues*, ill. MIGNON, Philippe, Gallimard Jeunesse, « Folio Junior », 1980.

BASILE, Giambattista, *Le Conte des contes ou le divertissement des petits enfants*, trad. Françoise Decroisette, Strasbourg, Circé, 1995 [1634-1636].

BASILE, Giambattista, *Lo cunto de li cunti*, traduction et éd. Michele Rak, Milan, Garzanti, 2006 [1634-1636].

BERNARD, Catherine, *Inès de Cordoue, nouvelle espagnole*, Paris, Jouvenel, 1696.

BOCCACCIO, Giovanni, *Decameron*, éd. Vittore Branca, Turin, Einaudi, 1956 [1349-1351].

BOCCACCIO, Giovanni, *Decameron*, trad. Christian Bec, Paris, Le Livre de Poche, 1994.

BROCAS, Alexis, « LeChat 2.0 », *Leurs contes de Perrault*, Paris, Belfond, coll. « Remake », 2015, p. 57-80.

CARTER, Angela, *The Bloody Chamber*, London, Victor Gollancz Ltd, 1979.

CATHERINE, Arnaud, « À vos souhaits », *Les contes de Perrault revus par…*, Paris, La Martinière, 2002., p. 29-43.

CLAVERIE, Jean, *Le Petit Chaperon Rouge*, Paris, Albin Michel, 1994.

COLE, Babette, *Long Live Princess Samrtypants*, Londres, Puffin Books, 2005

COLE, Babette, *Prince Cinders*, Londres, Hamish Hamilton Ltd, 1987.

COLE, Babette, *Princess Smartypants Breaks the Rules !* Londres, Puffin Books, 2009.

Cole, Babette, *Princess Smartypants*, Londres, Hamish Hamilton Ltd, 1986.

Cusset, Catherine, « Eva Podan », *Les Contes de Perrault revus par…*, Paris, La Martinière, 2002, p. 5-28.

Dahl, Roald, ill. Blake, Quentin, *Revolting Rhymes*, Londres, Jonathan Cape, 1982.

Dautremer, Rebecca, ill. Lebœuf, Arthur, *Le Loup de la 135e avenue*, Paris, Le Seuil, 2008.

Dumas, Philippe, Moissard, Boris, *Contes à l'envers*, Paris, L'école des Loisirs, 1980.

Frisch, Aaron, ill. Innocenti, Roberto, *The Girl in red*, Mankato, Creative Editions, 2012.

Garcia-Sanchez, José Luis, ill. Fernandez-Pacheco, Miguel Ángel, *El último lobo y Caperucita*, Barcelona, Editorial Labor, 1975.

Gardel, Ariane, « L'effet des faits », *Les Contes de Perrault revus par…*, Paris, La Martinière, 2002., p. 99-118.

Grimm, Jacob & Wilhelm, *Contes pour les enfants et la maison*, trad. Natacha Rimasson-Fertin, Paris, José Corti, coll. « Merveilleux », 2009.

Grimm, Jacob & Wilhelm, *Kinder- und Hausmärchen, Ausgabe letzter Hand* [1857], éd. Heinz Rölleke, Stuttgart, Philipp Reclam, 1980.

Grimm, Jacob &Wilhelm, *Kinder- und Hausmärchen*, Berlin, Realschulbuchhandlung, 1812-1815.

Gripari, Pierre, « La fée du robinet », *Contes de la rue Broca*, Paris, La Table Ronde, 1967.

Gudule, ill. Azam, Jacques, *Les Contes : la vérité vraie !* Paris, Éditions Nathan, 2000.

Innocenti, Roberto, *Cendrillon*, Paris, Grasset Monsieur Chat, coll. « Il était une fois », 1983.

Jackson, Ellen, ill. O'Malley, Kevin, *Cinder Edna*, New York, Lothrop, Lee & Shepard Books, 1994.

Kerloc'h, Jean-Pierre, ill. Guibbaud, Christian, *Trois souhaits pour une souris*, Grenoble, P'tit Glénat, 2013.

Kerloc'h, Jean-Pierre, ill. Mourrain, Sébastien, *Barbe-Bleue*, Grenoble, P'tit Glénat, 2007.

La Fontaine, Jean de, « Les Amours de Psyché et de Cupidon », *Contes et Nouvelles en vers*, Paris, Barbin, 1669.

La Fontaine, Jean de, *Fables choisies, mises en vers par M. de La Fontaine, Troisième partie*, Paris, Barbin, 1678.

La Fontaine, Jean de, *Fables choisies par M. de La Fontaine*, Paris, Barbin, 1694.

La Fontaine, Jean de, *Fables choisies, mises en vers par M. de La Fontaine*, Paris, Barbin, 1668.

LE TELLIER, Hervé, « La rétrospective du Petit Chaperon Rouge », *Leurs contes de Perrault*, Paris, Belfond, coll. « Remake », 2015, p. 139-165.

LECHERMEIER, Philippe, ill. DAUTREMER, Rebecca, *Journal secret du petit poucet*, Paris, Gautier-Languereau, 2009.

LHÉRITIER DE VILLANDON, Marie-Jeanne, *Œuvres meslées, contenant L'innocente tromperie, L'avare puni, Les enchantements de l'éloquence, Les aventures de Finette, nouveles, et autres ouvrages, en vers et en prose, de Mlle L'H***, avec le Triomphe de Mme Des Houlières, tel qu'il a été composé par Mlle L'H****, Paris, Guignard, 1696.

MARTÍN GAITE, Carmen, *Caperucita en Manhattan*, Madrid, Siruela, 1990.

MASINI, Beatrice, ill. MARIANI, Mirella, *Storie dopo le storie*, Einaudi Ragazzi, 2012.

MATEO, Pepito, *Le Petit Cépou*, Paris, Syros, 2009.

MESCHENMOSER, Sebastian, *3 Wünsche für Mopsmann*, Esslingen, J. F. Schreiber, 2008. Version française : *Les 3 vœux de Molosse*, traduit par Julie Duteil, Zurich, Minedition, 2009.

MEYER, Marissa, *Cinder*, Londres, Puffin Books, 2012.

MEYER, Marissa, *Cress*, Londres, Puffin Books, 2014.

MEYER, Marissa, *Scarlet*, Londres, Puffin Books, 2013.

MEYER, Marissa, *Winter*, Londres, Puffin Books, 2015.

MILLET, Catherine, *Riquet à la houppe, Millet à la loupe*, Paris, Stock, 2003.

MINTERS, Frances, ill. KARAS, G. Brian, *Cinder-Elly*, New York, penguin Books, 1994.

MONCOMBLE, Gérard, *Romain Gallot contre Charles Perrault*, Toulouse, Milan, 1999.

MONSABERT, Anne-Sophie, ill. ALIBEU, Géraldine, *Le Petit Chaperon rouge a des soucis*, Paris, Albin Michel, 2004.

MONTALBETTI, Christine, « De la difficulté d'exercer son libre arbitre, à brûle-pourpoint, en forêt (et de retour à la maison itou) », *Leurs contes de Perrault*, Paris, Belfond, coll. « Remake », 2015, p. 227-245.

MOON, Sarah, *Le Petit Chaperon Rouge*, Paris, Éditions Grasset, 1983.

MORDILLAT, Gérard, « La Véritable Histoire de Riquet à la Houppe », *Leurs contes de Perrault*, Paris, Belfond, coll. « Remake », 2015, p. 9-29.

MOURLEVAT, Jean-Claude, *L'enfant Océan*, Paris, Pocket Jeunesse, 1999.

MUNARI, Bruno, *Cappuccetto Giallo*, Torino, Giulio Einaudi editore, 1972.

MUNARI, Bruno, *Cappuccetto Verde, Giallo, Blu et Bianco*, Turin, Einaudi, 1981.

NOTHOMB, Amélie, *Barbe bleue*, Paris, Albin Michel, 2012.

PAGANO, Emmanuelle, « Grisélidis », *Leurs contes de Perrault*, Paris, Belfond, coll. « Remake », 2015, p. 181-202.

PERRAULT, Charles, *Contes*, fac-similé avec une préf. de Jacques Barchilon, Slatkine Reprints, Genève, 1980.

PERRAULT, Charles, « Les Souhaits ridicules », *Le Mercure galant*, novembre 1693, p. 39-50.

PERRAULT, Charles, *Charles Perrault. Contes*, éd. Jean-Pierre Collinet, Paris Gallimard, coll. Folio, 1981.

PERRAULT, Charles, *Charles Perrault. Contes*, éd. Roger Zuber, Paris, Imprimerie Nationale, coll. Lettres françaises, 1987.

PERRAULT, Charles, *Contes de ma Mere L'Oye*, fac-similé du manuscrit d'apparat, 1695, in : *Perrault's Tales of Mother Goose*, J. Barchilon éd. New York, The Pierpont Morgan Library, 1956.

PERRAULT, Charles, *Contes de Perrault*, éd. Gilbert Rouger, Paris, Classiques Garnier, 1967.

PERRAULT, Charles, *Griselidis. Nouvelle avec le conte de Peau d'Asne, et celuy des Souhaits ridicules*, Paris, édition Coignard, 1694.

PERRAULT, Charles, *Griselidis. Nouvelle avec le conte de Peau d'Asne, et celuy des Souhaits ridicules*, édition augmentée d'une préface, Paris, édition Coignard, 1695.

PERRAULT, Charles, *Histoires ou Contes du temps passé*, Paris, Claude Barbin, 1697.

PERRAULT, Charles, ill. DORÉ, Gustave, *Les contes de Charles Perrault*, Paris, Hetzel, 1862.

PERRAULT, Charles, *Parallèle des Anciens et des Modernes en ce qui regarde la poésie. Par M. Perrault de l'Académie Françoise*, Vol. III, 1692.

PERRAULT, Charles, *Perrault. Contes*, éd. Marc Soriano, Paris, Flammarion, coll. GF, 1989.

PERRAULT, Charles, *Recueil de plusieurs pièces d'éloquence et de poësie présentées à l'Académie Françoise pour les prix de l'année 1691*, Paris, chez la Veuve de Jean-Baptiste Coignard et Jean-Baptiste Coignard Fils, 1691.

PICOULY, Daniel, « Le *Chat* botté », *Les Contes de Perrault revus par…*, Paris, La Martinière, 2002., p. 85-98.

POMMAUX, Yvan, *John Chatterton Détective*, Paris, École des Loisirs, 1993.

POMMAUX, Yvan, *Le Grand sommeil*, Paris, École des Loisirs, 1998.

PRÉCHAC, Jean de, *Contes moins contes que les autres, précédés de L'Illustre Parisienne*, éd. Françoise GEVREY, Paris, STFM, 1993 [1698].

RAVALEC, Vincent, « Cucendron », *Les Contes de Perrault revus par…*, Paris, La Martinière, 2002., p. 119-154.

RISARI, Guia, ill. POLLET, Clémence, *Le Petit Chaperon Bleu*, Paris, Le Baron Perché, 2012.

RODARI, Gianni, ill. MUNARI, Bruno, *Favole al telefono*, Torino, Einaudi, 1962.

RODARI, Gianni, *Novelle fatte a macchina*, Torino, Einaudi, 1973.

ROMINGER, Suzanne, *Cendrillon dépoussiérée*, Paris, Retz, 2004.

SALVAYRE, Lydie, « De l'avantage d'être laid », *Les Contes de Perrault revus par…*, Paris, La Martinière, 2002., p. 155-171.

SERRES, Alain, ill. PERRIN, Clotilde *Le Petit ChaPUBron Rouge*, Voisins-le-Bretonneux, Rue du Monde, 2010.

SERVANT, Stéphane, ill. MOREL, Benoît, *Trimestre* n° 5 : « Le loup sous le lit, ou quand une petite fille sait ce que les adultes ne savent plus », Paris, Oskar éditeur, 2012.

STRAPAROLA, Giovan Francesco, *Le Piacevoli notti*, éd. Donato Pirovano, Vol. I & II, Roma, Salerno, 2000 [1550].

STRAPAROLA, Giovan Francesco, *Le Piacevoli notti*, Venise, Orpheo dalla carta, 1550.

STRAPAROLA, Giovan Francesco, *Le Premier Livre des Facétieuses Nuicts du seigneur Jean François de Straparole, contenant plusieurs belles fables et plaisans énigmes*, traduit par Jean Louveau, revu et augmenté de Sonnets et Chansons par Pierre la Rivey, réédition commentée par P. Jannet, Paris, P. Jannet, 1857 [1585].

STRAPAROLA, Giovan Francesco, *Les Facécieuses Nuictz*, Trad. Jean LOUVEAU, Lyon, Guillaume Rouille, 1560.

STRAPAROLA, Giovan Francesco, *Les Nuits facétieuses*, traduit par Joël Gayraud, Paris, Corti, 1999.

TOURNIER, Michel, *La Fugue du Petit Poucet*, Paris, Gallimard, 1978.

WAGNEUR, Alain, ill. VADON, Alexandre, *Onze bals pour Cendrillon*, Paris, Hachette, 1998.

WILLINGHAM, Bill, *Fables*, New York, 22 volumes, DC Comics, « Vertigo », 2003-2015.

WINCKLER, Martin, « Autobiographie du Petit Poucet », *Les Contes de Perrault revus par...*, Paris, La Martinière, 2002., p. 173-205.

ÉTUDES

ALFANO, Nino, *La Casa di Cenerentola*, Palerme, Sellerio, 1991.

ARIÈS, Philippe, DUBY, Georges, (dir.), *Histoire de la vie privée*, 5 volumes, Paris, Seuil, coll. Univers historique, 1986.

ARSENEAU, Isabelle, *Parodie et merveilleux dans le roman dit réaliste au* XIIIe *siècle*, Paris, Classiques Garnier, coll. « Recherches littéraires médiévales », 2012.

AUERBACH, Erich, « La Cour et la ville », in *Vier Untersuchungen zur Geschichte der französischen Bildung*, Bern, Franck Verlag, 1951, p. 12-50.

BACHELARD, Gaston, *L'Eau et les Rêves*, Paris, José Corti, 1942.

BACHELARD, Gaston, *L'Air et les songes, essai sur l'imagination du mouvement*, Paris, José Corti, 1943.

BACHELARD, Gaston, *La Terre et les rêveries de la volonté*, Paris, Corti, 1948.
BACHELARD, Gaston, *La Poétique de l'espace*, Paris, PUF, 1957.
BADIOU-MONFERRAN, Claire, (dir.), *Il était une fois l'interdisciplinarité. Approches discursives des Contes de Perrault*, Louvain-la-Neuve, Bruylant Academia, coll. « Au cœur des textes », 2010.
BAKHTINE, Mikhaïl, *La Poétique de Dostoïevski*, traduction d'Isabelle Kolitcheff, Paris, Seuil, 1970 [*Problemy poetiki Dostoevskogo*, Moscou, Sovetskij Pisatel, 1963, or. *Problemy tvorchestva Dostoevskogo*, Leningrad, Priboj, 1929].
BARTHES, Roland, *Mythologies*, Paris, Seuil, 1957.
BARTHES, Roland, « Théorie du texte », *Encyclopedia Universalis*, volume XV, 1973, p. 1013-1017.
BAYARD, Pierre, *Le Plagiat par anticipation*, Paris, Les Éditions de Minuit, coll. Paradoxe, 2009.
BAYARD, Pierre, *Comment parler des livres qu'on n'a pas lu ?* Paris, Les Éditions de Minuit, coll. Paradoxe, 2008.
BECCHI, Egle, JULIA, Dominique, (dir.), *Histoire de l'enfance en Occident*, paris, Seuil, Paris, 1998, en deux volumes.
BECKETT, Sandra Lee, *De grands romanciers écrivent pour les enfants*, Montréal, Les Presses de l'Université de Montréal, 1997.
BECKETT, Sandra Lee, *Recycling Red Riding Hood*, New York, Routledge, 2002.
BELLEMIN-NOËL, Jean, *Les Contes et leurs fantasmes*, Paris, Presses Universitaires de France, 1983.
BELMONT, Nicole, *Poétique du conte, Essai sur le conte de tradition orale*, Paris, Gallimard, coll. « Le langage des contes », 1999.
BENEVOLO, Leonardo, *La Ville dans l'histoire européenne*, trad. de l'italien par GHERARDI, Sophie, POUTHIER, Jean-Luc, préface de LE GOFF Jacques, Paris, Le Seuil, 1993.
BETTELHEIM, Bruno, *The Uses of Enchantment : The Meaning and Importance of Fairy Tales*, New York, Knopf, 1976.
BERLIOZ, Jacques, BREMOND, Claude, VELAY-VALLANTIN, Catherine, *Formes médiévales du conte merveilleux*, Paris, Stock, 1989.
BOTTIGHEIMER, Ruth, *Fairy Godfather : Straparola, Venice, and the Fairy Tale Tradition*, Philadelphia, University of Pennsylvania Press, 2002.
BOTTIGHEIMER, Ruth, *Fairy Tales. A New History*, New York, State University of New York Press, 2009.
BOTTIGHEIMER, Ruth, « Les contes médiévaux et les contes de fées modernes », *Féeries*, n° 7, Grenoble, Ellug, 2010.
BRUNO, Pierre, *La Littérature pour la jeunesse : médiologie des pratiques et des classements*, Dijon, Éd. Universitaires de Dijon, 2010.
BUTTAY-JUTIER, Florence, *Fortuna. Usages politiques d'une allégorie morale à la Renaissance*, Paris, Presses universitaires de Paris-Sorbonne, 2008.

CALVINO, Italo, *Perché leggere i classici*, Milan, Mondadori, 1991.

CERTEAU (DE), Michel, *L'Invention du quotidien. 1. Arts de faire*, Paris, Gallimard, coll. Folio essais, 1990.

CHARDENET, Virginie, *Destins de garçons*, Paris, José Corti, 2010.

CHARTIER, Roger, *Culture écrite et société : l'ordre des livres (XIVe-XVIIIe siècle)*, Paris, Albin Michel, 1996.

COLIN, Mariella, « La littérature d'enfance et de jeunesse en France et en Italie au XIXe siècle ; traductions et influences », *Chroniques italiennes*, Université de la Sorbonne Nouvelle, n° 30, 1992.

COLIN, Mariella, *L'Âge d'or de la littérature d'enfance et de jeunesse italienne. Des origines au fascisme*, Caen, Presses Universitaires de Caen, 2005.

COLIN, Mariella, *La Littérature d'enfance et de jeunesse italienne en France au XIXe siècle. Édition, traduction, lecture*, Caen, Presses Universitaires de Caen, 2011.

CONNAN-PINTADO, Christiane, *Lire les contes détournés à l'école, à partir des Contes de Perrault*, Paris, Hatier, 2009.

CONNAN-PINTADO, Christiane, TAUVERON, Catherine, *Fortune des* Contes *des Grimm en France, Formes et enjeux des rééditions, reformulations, réécritures dans la littérature de jeunesse*, Clermont-Ferrand, Presses Universitaires Blaise Pascal, collection « Mythographies et sociétés », 2013.

CONNAN-PINTADO, Christiane, BÉHOTÉGUY, Gilles, (dir.), *Littérature de jeunesse au présent. Genres littéraires en question(s)*, Bordeaux, Presses Universitaires de Bordeaux, 2014.

CONSTANTINESCU, Muguras, *Les Contes de Perrault en palimpseste*, Suceava, Éditions Universitatii Suceava, 2006.

COTTEGNIES, Line, GHEERAERT, Tony, (dir.), *La Beauté et ses monstres dans l'Europe baroque 16e-18e*, Paris, Presses de la Sorbonne Nouvelle, 2003.

COURSE, Didier, *D'or et de pierres précieuses. Les paradis artificiels de la Contre-Réforme en France (1580-1685)*, Lausanne, Éditions Payot, 2005.

DEFRANCE, Anne, « La politique du conte aux XVIIe et XVIIIe siècles », *Féeries*, n° 3, 2006, p. 13-41.

DEFRANCE, Anne, *Les Contes de fées et les nouvelles de Madame d'Aulnoy (1690-1698) : l'imaginaire féminin à rebours de la tradition*, Genève, Droz, 1998.

DEFRANCE, Anne, *Féeries*, « L'illustration des contes », n° 11, Grenoble, Ellug, 2014.

DENIS, Delphine, *Le Parnasse galant. Institution d'une catégorie littéraire au XVIIe siècle*, Paris, Honoré Champion, « Lumière classique », 2001.

DEULIN, Charles, *Les Contes de ma mère l'Oye avant Perrault*, Paris, E. Dentu, 1879.

DESCOLA, Philippe, *Par-delà nature et culture*, Paris, Gallimard, 2005.

D'HUMIÈRES, Catherine (dir.), *D'un conte à l'autre, d'une génération à l'autre*, Clermont-Ferrand, Presses Universitaires Blaise Pascal, 2008.

DOWLING, Colette, *The Cinderella Complex : Women's Hidden Fear of Independence*, New York, Pocket Books, 1981.
DUBY, Georges, (dir.), *Histoire de la France urbaine*, Tome 3, La ville classique : de la Renaissance aux révolutions, Paris, Seuil, 1981.
DUBY, Georges, (dir.), *Histoire de la France urbaine*, Tome 4, La ville de l'âge industriel : le cycle haussmannien, Paris, Seuil, 1983.
ÉCO, Umberto, *Opera aperta*, Milano, Bompiani, 1962.
ÉCO, Umberto, *Lector in fabula*, Milano, Bompiani, 1979.
ESCARPIT, Denise, *Histoire d'un conte, Le Chat botté, en France et en Angleterre*, Paris, Didier Erudition, 1976, en deux volumes.
ESCARPIT, Denise, (dir.), *La Littérature de jeunesse : itinéraires d'hier à aujourd'hui* Paris, Magnard, 2008.
ESCOLA, Marc, *Lupus in Fabula. Six façons d'affabuler La Fontaine*, Paris, Presses Universitaires de Vincennes, 2004.
ESCOLA, Marc, *Les Contes de Charles Perrault, Essai et dossier*, Gallimard, coll. « Foliothèque », 2005.
ESCOLA, Marc, « Ceci n'est pas un livre, prolégomènes à une rhétorique du discontinu » in *Dix-septième siècle*, 182, janvier-mars 1994, p. 71-82
ESCOLA, Marc, « La "narration enjouée" : Vraisemblable et merveilleux dans les Contes en prose de Perrault », in : *Vraisemblance et représentation au* XVII*e siècle*, M. Baschera, P. Dumont, A. Duprat, D. Souiller (dir.), Publications de l'Université de Dijon, Littérature comparée, 2, 2004, p. 249-274.
FIX, Florence, *Barbe-Bleue et l'esthétique du secret. De Charles Perrault à Amélie Nothomb*, Paris Éditions Hermann, 2014.
FUMAROLI, Marc, *Les Abeilles et les araignées*, Paris, Gallimard, 2001.
FUMAROLI, Marc, « Les enchantements de l'éloquence : Les *Fées* de Charles Perrault ou De la littérature », in : *Le Statut de la littérature : Mélanges offerts à Paul Bénichou*, Genève, Librairie Droz, 1982, p. 153-186.
GAILLARD, Aurélia, SERMAIN, Jean-Paul, (dir.), *Féeries*, « Le Conte et la Fable », n° 7, Grenoble, Ellug, 2010.
GÉLINAS, Gérard, *Enquête sur les Contes de Perrault*, Paris, Imago, 2004.
GÉLY, Véronique, *L'Invention d'un mythe : Psyché, Allégorie et fiction, du siècle de Platon au temps de La Fontaine*, Paris, Champion, 2006.
GENETTE, Gérard, *Palimpsestes. La littérature au second degré*, Paris, Seuil, 1982.
GENETTE, Gérard, *Seuils*, Paris, Seuil, 1987.
GOBBÉ-MÉVELLEC, Euriell, *L'Album contemporain et le théâtre de l'image, Espagne, France*, Paris, Classiques Garnier, 2014.
GRECO, Pietro, *L'universo a dondolo : La scienza nell'opera di Gianni Rodari*, Milan, Springer, 2010.
GRIPARI, Pierre, « Le fantastique chez Marcel Aymé » in : *Nouvelles critiques*, Lausanne, L'Age d'Homme, coll Contemporains, 1987.

HANNERZ, Ulf, *Explorer la ville : éléments d'anthropologie urbaine*, Paris, Les Éditions de Minuit, 1983.

HARRIES, Elizabeth Wanning, *Twice Upon a Time : Women Writers and the History of the Fairy Tale*, Princeton, Princeton University Press, 2001.

HEIDMANN, Ute, ADAM, Jean-Michel, *Textualité et intertextualité des contes. Perrault, Apulée, La Fontaine, Lhéritier...*, Paris, Classiques Garnier, Coll. « Lire le XVIIe siècle », 2010.

HEIDMANN, Ute, « Le dialogisme intertextuel des contes des Grimm », *Féeries*, n° 9, Grenoble, Ellug, 2012.

HENNARD DUTHEIL DE LA ROCHÈRE, Martine, DASEN, Véronique, (dir.), *Études de Lettres*, « Des Fata aux fées. Regards croisés de l'Antiquité à nos jours », vol. 3-4, 2011.

HENNARD DUTHEIL DE LA ROCHÈRE, Martine, *Reading, Translating, Rewriting : Angela Carter's Translational Poetics*, Détroit, Wayne State university Press, 2013.

HOOGENBOEZEM, Daphne M., MONTOYA, Alicia C., HOUPPERMANS, Sjef M. M., *RELIEF*, « La magie de l'image : images textuelles et visuelles dans les contes de fées », n° 4, 2010. Revue électronique : http://www.revue-relief.org (consulté le 28/04/2021)

KUNDERA, Milan, *L'Art du roman*, Paris, Gallimard, 1986.

LEFEBVRE, Henri, *Le Droit à la ville*, Paris, Anthropos, 1968.

LEFEBVRE, Henri, *La Révolution urbaine*, coll. « Idées », Paris, Gallimard, 1970.

LEFEBVRE, Henri, *La Production de l'espace*, Paris, Anthropos, 1974.

LE GOFF, Jacques, *L'Imaginaire médiéval : Essais*, Paris, Gallimard, 1985.

LE GOFF, Jacques, LEBRUN, Jean, *Pour l'amour des villes*, Paris, Textuel, 1997.

LE MEN, Ségolène, VELAY-VALLANTIN, Catherine, (dir.), *Romantisme*, n° 78, « Le conte et l'image », 1992.

LENOBLE, Robert, *Esquisse d'une histoire de l'idée de nature*, Paris, Albin Michel, 1968.

LIEBERMAN, Marcia, « "Some Day My Prince Will Come" : Female Acculturation Through the Fairy Tale », *College English*, n° 34, 1972, p. 383-395.

MAINIL, Jean, (dir.), *Féeries*, « Le merveilleux français à travers les siècles, les langues, les continents », n° 8, Grenoble, Ellug, 2011.

MALARTE, Claire-Lise, « La Nouvelle Tyrannie des fées, ou la réécriture des contes de fées classiques », *The French Review*, Vol. 63, No. 5, avril 1990, p. 827-837.

MARCOIN, Francis, *Librairie de jeunesse et littérature industrielle au XIXe siècle*, Paris, Champion, 2006.

MARIN, Louis, « Manger, parler, aimer dans les *Contes* de perrault », in : *Biblio* 17, n° 30, 1987.

MARTIN-CONRAD, Anne, (dir.), *Pierre Gripari*, Lausanne, L'Âge d'Homme, « Les dossiers H », 2001.

MÉCHOULAN, Éric, « Le pouvoir féerique », *Féeries*, n° 3, 2006, p. 43-57.

MÉCHOULAN, Éric, MORTGAT, Emmanuelle, *Écrire au XVIIe siècle, une anthologie*, Paris, Presses Pocket, coll. Agora Les Classiques, 1992.

NIERES-CHEVREL, Isabelle, *Introduction à la littérature de jeunesse*, Paris, Didier Jeunesse, 2009.

OCTOBRE, Sylvie, (dir.), *Enfance et culture. Transmission, appropriation et représentation*, Paris, La Documentation Française, coll. « questions de culture », 2010.

OCTOBRE, Sylvie, DETREZ, Christine, MERCKLE, Pierre, BERTHOMIER, Nathalie, *L'enfance des loisirs. Trajectoires communes et parcours individuels de la fin de l'enfance à la grande adolescence*, Paris, La Documentation Française, coll. « Questions de culture », 2010.

PARIS, Gaston, *Le Petit Poucet et la Grande Ourse*, Paris, A. Franck, 1875.

PASTOUREAU, Michel, *Dictionnaire des couleurs de notre temps. Symbolique et société*, Paris, Éditions Bonneton, 1992.

PEJU, Pierre, *La petite fille dans la forêt des contes : pour une poétique du conte : en réponse aux interprétations psychanalytiques et formalistes*, Paris, Robert Laffont, 1981.

PERRIN, Jean-François, (dir.), *Féeries*, « Le recueil », n° 1, Grenoble, Grenoble, Ellug, 2004.

PERRIN, Jean-François, (dir.), *Féeries*, « Politique du conte », n° 3, Grenoble, Grenoble, Ellug, 2006.

PERRIN, Jean-François, (dir.), *Féeries*, « Le rire des conteurs », n° 5, Grenoble, Grenoble, Ellug, 2008.

PERRIN, Jean-François, (dir.), *Féeries*, « Le conte, les savoirs », n° 6, Grenoble, Ellug, 2009.

PERROT, Jean, *Du jeu, des enfants et des livres*, Paris, Éditions du cercle de la Librairie, 1987.

PERROT, Jean, *Jeux et enjeux du livre d'enfance et de jeunesse*, Paris, Éditions du cercle de la Librairie, 1999.

PERROT, Jean, *Mondialisation et littérature de jeunesse*, Paris, Éditions du cercle de la Librairie, 2008.

PERROT, Jean, *Du jeu, des enfants et des livres à l'heure de la mondialisation*, Paris, Éditions du cercle de la Librairie, 2011.

PERROT, Jean, *Art baroque, art d'enfance*, Nancy, Presses universitaires de Nancy, 1991.

PERROT, Jean, (dir.), *Les Métamorphoses du conte*, Bruxelles, Peter Lang, 2004.

PEYROUTET, Jean-Luc, *Pierre Gripari et ses contes pour enfants*, Mérignac, Girandoles, 1994.

PIFFAULT, Olivier, (dir.), *Il était une fois les contes de fées*, Paris, Seuil / Bibliothèque Nationale de France, 2001.

PINÇONNAT, Crystel, *New York, Mythe littéraire français*, Genève, Droz, 2001.

PRINCE, Nathalie, *La Littérature de jeunesse : pour une théorie littéraire*, Paris, Armand Colin, 2010.

PRINCE, Nathalie, (dir.), *Les Personnages mythiques dans la littérature de jeunesse*, Rennes, Presses universitaires de Rennes, 2015.

PROPP, Vladimir, *Morfologija skazki*, Leningrad, Academia, 1928. Traduction de Marguerite DERRIDA, Tzvetan TODOROV et Claude KAHN, *Morphologie du Conte*, Paris, Seuil, 1970.

PROPP, Vladimir, *Istoričeskie korni volšebnoj skazki*, Éditions de l'Université Gouvernementale de l'Ordre de Lénine, Leningrad, 1946. Traduction du russe par Lise GRUEL-APERT, *Les Racines historiques du conte merveilleux*, Paris, Gallimard, NRF, 1983.

RENONCIAT, Annie, (dir.), *L'Image pour enfants : pratiques, normes, discours (France et pays francophones, XVIe-XXe siècles)*, Poitiers, Maison des sciences de l'homme et de la société, 2003.

RENONCIAT, Annie, « Et l'image, en fin de conte ? Suites, fantaisies et variations sur les contes de Perrault dans l'imagerie » in *Romantisme*, Volume 22, 1992, p. 103-126.

RIFFATERRE, Michaël, *La Production du texte*, Seuil, 1979.

RODARI, Gianni, *Grammatica della fantasia*, Torino, Einaudi, 1973.

RONCAYOLO, Marcel, PAQUOT, Thierry, (dir.), *Villes & civilisation urbaine XVIII-XXe siècle*, Paris, Larousse, coll. Textes essentiels, 1992.

RONCAYOLO, Marcel, (dir.), *La Ville aujourd'hui : mutations urbaines, décentralisation et crise du citadin*, Paris, Seuil, 1985.

ROGER, Alain, *Court traité du paysage*, Paris, Gallimard, 1997.

ROUSSEAU, Christine, *Les Enchantements de l'éloquence : contes de fées et stratégies hyperboliques au XVIIe siècle*, thèse de doctorat soutenue le 19 octobre 2013 à l'Université de Grenoble.

SARRAUTE, Nathalie, *L'Ère du soupçon*, Paris, Gallimard, 1956.

SAINT-GELAIS, Richard, *Fictions transfuges. La transfictionnalité et ses enjeux*. Paris, Éditions du Seuil, coll. Poétique, 2011.

SANSOT, Pierre, *Poétique de la ville*, Paris, Klincksieck, 1973.

SEMPÈRE, Emmanuelle, *De la merveille à l'inquiétude, le registre du fantastique dans la fiction narrative au XVIIIe siècle*, Bordeaux, P.U.B., 2009.

SEMPÈRE, Emmanuelle, (dir.), *Féeries*, « Conte et croyance », n° 10, Grenoble, Ellug, 2013.

SERMAIN, Jean-Paul, *Métafictions (1670-1730). La Réflexivité dans la littérature d'imagination*, Honoré Champion, 2002.

SERMAIN, Jean-Paul, *Le Conte de fées du classicisme aux lumières*, Paris, Desjonquères, 2005.

SORIANO, Marc, *Les Contes de Perrault culture savante et traditions populaires*, Paris, Gallimard, 1968.

SORIANO, Marc, (dir.), *Europe*, n° 739/740, « Charles Perrault », novembre/décembre 1990.

TOLKIEN, John Ronald Reuel, *Beowulf. The Monsters and the Critics*, London, Oxford University Press, coll. Proceedings of the British Academy, 1936.

TOURNIER, Michel, *Le Vol du vampire, notes de lecture*, Paris, Mercure de France, 1981.

TOURNIER, Michel, *Les Vertes Lectures*, Paris, Gallimard, « Folio », 2007.

VALIERE, Michel, *Le Conte populaire, Approche socio-anthropologique*, Paris, Armand Colin, 2006.

VASSALI, Paola, COCHET, Michèle, (dir.), *Roberto Innocenti, Le prigioni della storia*, Bologne, Grafis Edizioni, 1989.

VIALA, Alain, « "Si Peau d'Âne m'était conté…" ou les frontières de la galanterie », *Littératures classiques*, n° 69, Paris, Armand Colin, 2009, p. 79-88.

VÉRINE, Bertrand, DÉTRIE, Catherine, *Dialogisme et narrativité : la production de sens dans* Les Fées *de Charles Perrault*, PULIM, Limoges, 2003.

WESTPHAL, Bertrand, « Pour une approche géocritique des textes. Esquisse », *La Géocritique mode d'emploi*, Limoges, Presses Universitaires de Limoges, 2000, p. 9-39.

WESTPHAL, Bertrand, *La Géocritique. Réel, fiction, espace*, Paris, Éditions de Minuit, « Paradoxe », 2007.

WESTPHAL, Bertrand, *Le Monde plausible. Espace, lieu, carte*, Paris, Éditions de Minuit, « Paradoxe », 2011.

WOLFZETTEL, Friedrich, *Le Conte en palimpseste*, Stuttgart, Franz Steiner Verlag, 2005.

ZINK, Michel, (dir.), *Livres anciens, lectures vivantes*, Paris, Odile jacob, coll. « Collège de France », 2010.

ZIPES, Jack, *Fairy Tales and the Art of Subversion*, Londres, Heinemann Educational Books Ltd, 1983.

ZIPES, Jack, *Breaking the Magic Spell : Radical Theories of Folk and Fairy Tales*, London, Heinemann, 1979.

ZIPES, Jack, *Don't Bet on the Prince : Contemporary Feminist Fairy Tales in North America and England*, Aldershot, Gower, 1986.

ZIPES, Jack, *Why Fairy Tales Stick : The Evolution and Relevance of a Gender*, London, Routledge, 2006.

ZIPES, Jack, *The Irresistible Fairy Tale : The Cultural and Social History of a Genre*, Princetown, Princetown University Press, 2012.

INDEX DES NOMS

INDEX DES PERSONNAGES

TABLE DES MATIÈRES

IMPRIM'VERT®

Achevé d'imprimer par Corlet,
Condé-en-Normandie (Calvados), en septembre 2021
N° d'impression : 172936 - dépôt légal : septembre 2021
Imprimé en France